REDDUCK

Gewaltfreie Kommunikation mit Kindern

Von Wölfen und Giraffen

Dr. Sophie Wagner

Alle Ratschläge in diesem Buch wurden vom Autor und vom Verlag sorgfältig erwogen und geprüft worden. Eine Garantie kann dennoch nicht übernommen werden. Eine Haftung des Autors beziehungsweise des Verlages für jegliche Personen-, Sach- und Vermögensschäden ist daher ausgeschlossen.

Gewaltfreie Kommunikation mit Kindern:
Von Wölfen und Giraffen

Copyright © 2020 Dr. Sophie Wagner

Alle Rechte, insbesondere das Recht der Vervielfältigung und Verbreitung der Übersetzung, vorbehalten. Kein Teil des Werkes darf in irgendeiner Form (durch Fotokopie, Mikrofilm oder ein anderes Verfahren) ohne schriftliche Genehmigung des Verlages reproduziert oder unter Verwendung elektronischer Systeme gespeichert, verarbeitet, vervielfältigt oder verbreitet werden.

Für Fragen und Anregungen
Support@red-duck.de
Auflage 2020
ISBN: 978-3-96959-000-3

Inhaltsverzeichnis

Ein paar Worte vorab - (gewaltfreie natürlich!)... 1
- Plötzlich zu dritt 1
- Laissez faire oder lieber streng katholisch? 3
- Verstehe Dein Kind! 3

Es geht los ... Grundlagen der Kommunikationsformen 5
- Was ist eigentlich Kommunikation? 5
- Vier Kommunikationsmodelle im Überblick 7
- Von Rauchzeichen bis Instagram 10

Kommunikation mit Kindern 13
- Respekt gegenüber Kindern 15

Gewaltfreie vs. Gewaltvolle Kommunikation 17
- Wer hat sich das eigentlich ausgedacht? 19
- Worauf basiert die GFK? Drei Grundsätze 20

Voraussetzungen der GFK 22
- Denke an den anderen – Empathie und Zuhören 23
- Denke an Dich – Selbstliebe und Selbstempathie 24
- Mit Deinem Kind auf Augenhöhe kommunizieren 26

Wolfssprache und Giraffensprache 31
- Die Wolfssprache 31
- Die Giraffensprache 34

Vier weitere Aspekte: das Prinzip der GFK 40

Konzept & Philosophie *40*

Ein Inder als Vorbild *41*

Eine weltweit gültige These *42*

Ist der Mensch von sich aus gut? *44*

Wer A sagt, muss auch D sagen: die vier Säulen der Weisheit **46**

Beobachte aus einem objektiven Blickwinkel *46*

Erkenne und benenne Deine Gefühle *49*

Beurteile Deine Bedürfnisse *54*

Stelle keine Forderungen, äußere Bitten! *57*

Vergiss nicht: Es bedarf ausschließlich der Giraffensprache! **63**

GFK: Plus- und Kritikpunkte **63**

Zu den Stärken der Gewaltfreien Kommunikation *63*

Auf das nächste halbe Jahrhundert! *65*

Die GFK stärkt Familienbanden *67*

Die GFK lehrt Verantwortlichkeiten *69*

Die GFK wählt Gleichheit statt Macht *71*

Die GFK schult Empathie *72*

Die GFK fördert gewaltfreie Konfliktlösungen .. *74*

Grenzen von Bestrafung & Zwang in der Kindererziehung **76**

Strafen starten einen Teufelskreis *78*

Mit Einfühlungsvermögen Vertrauen schaffen ... *81*

Grenzen aufzeigen – mit Augenmaß *84*

Sollen Kinder müssen? *86*

Mentale Folgen von Bestrafung......................... 89

Kritikpunkte: Emotionen, Sprache und Umsetzung 93

Können Gefühle Konflikte lösen? 94

Es kann nicht nur eine geben............................ 94

Schützende vs. strafende Macht........................ 95

Empathie kann schaden 96

Ist Gewinnsucht verwerflich? 98

Keine Einteilung in Gut und Böse..................... 99

Sprachliche Vielfalt wird beschnitten 100

Aus der Theorie in die Praxis 101

Missbrauchsgefahr und Rückschläge 102

Die GFK macht einen Unterschied 104

In welchen Situationen hilft die GFK? 105

Was Du mit der GFK gewinnst 109

Dein Alltag mit der GFK..114

Aller Anfang ist schwer ... .114

Entdeckt Eure Gefühle 115

Nimm Dir Zeit für Deine Kinder......................115

Sei ein aufmerksamer Zuhörer........................116

Überlege Dir Verbote gut.................................117

Verarbeite Emotionen mit der GFK 118

Meistert gemeinsam die Pubertät 119

Gönn Dir eine Pause.. 120

Und wie geht es jetzt weiter?............................... 122

GFK: auch nach 50 Jahren noch aktuell......... 123

Und wie fühlst Du Dich wirklich…? 126

Ein paar Worte vorab - (gewaltfreie natürlich!)

Plötzlich zu dritt

Hast auch Du entnervt mit den Augen gerollt, als Dir während Deiner Schwangerschaft immer wieder gut gemeinte Ratschläge zur künftigen Erziehung Eures Kindes erteilt wurden – selbstverständlich ungefragt? Und, wenn Du ganz ehrlich bist, dabei nicht auch insgeheim gedacht, dass es so schwierig schon nicht werden würde? Schließlich haben Mütter und Väter seit Anbeginn der Menschheit ihren Nachwuchs zu Erwachsenen herangezogen. Aber Eure Freunde waren ja schon immer ein wenig wehleidig ...

Wenn Du nicht spätestens nach den ersten gemeinsamen Tagen zu Dritt heimlich Abbitte leisten musstest, dann bist Du eine wahre Wundermutter und kannst Dich umgehend wieder anderen Dingen zuwenden. Musst Du allerdings zugeben, dass doch ein wenig Wahrheit in all den Warnungen steckte, dass so ein winziges Lebewesen das gesamte bisherige Leben auf den Kopf stellen und Euch bei aller Liebe auch einmal zur Verzweiflung bringen kann, dann solltest Du weiterlesen. Und gleich noch ein weiterer Hinweis für alle, die noch am Anfang ihrer Familienkarriere stehen: Es ändert sich weder mit zunehmender Anzahl von Geschwistern noch mit zunehmendem Alter des Kindes. An dieses wirst Du zwar im Laufe der Zeit die Art und Weise Deiner verbalen Kommunikation anpassen – schließlich wäre es ungewöhnlich, sprächest Du zu Deinem Baby in derselben Tonlage und mit derselben Wortwahl wie zu Deinem 14-jährigen Sohn. Der grundsätzliche Erziehungsstil hingegen bleibt davon unbeeinflusst: Ob die Kleine nach dem Kindergeburtstag nicht ins Bett möchte oder der Heranwachsende Dich mit seiner „Null-Bock-Phase" zur Weißglut treibt – laut werden oder gar die Hand heben musst Du auf keinen Fall. Und auch Mitleid ist nicht gefragt. In der Theorie mag das in Deinen Ohren plausibel klingen – ob Du aber diesem Vorsatz auch in den schwierigsten Zeiten treu bleiben kannst ...? Ganz bestimmt! Setze einfach das Modell der Gewaltfreien Kommunikation (GFK) des US-amerikanischen Psychologen Marshall B. Rosenberg um, und der harmonische Alltag wird auch in Eurer Familie kein Traum bleiben!

Laissez faire oder lieber streng katholisch?

Zunächst jedoch zurück zum Anfang: Selbstverständlich liegt es in Deinem Ermessen, für welche Form der Erziehung Du Dich entscheidest. Wie soll Dein Kind heranwachsen? Sollen die Methoden ein Abbild Deiner eigenen Kindheit und Jugend sein oder gerade ganz das Gegenteil? Hast Du so lange darüber nachgedacht, welche Werte Du vermitteln möchtest und so viele Ratgeber dazu gelesen, welche Hürden sich auftürmen könnten, dass Du jetzt gar nicht mehr weißt, wie Du Deinem Nachwuchs nur das Beste bieten kannst? Ein kleiner Trost: Erneut bist Du nicht die Einzige. Immerhin reicht die Spannweite von antiautoritären über demokratische bis hin zu autokratischen Erziehungsansätzen und ist damit so vielfältig wie es Eltern und ihre Kinder sind.

Verstehe Dein Kind!

Die Grundsätze der GFK helfen Dir dabei, von der Geburt an über sämtliche Lebensphasen hindurch eine enge Bindung zu Deinem Nachwuchs aufzubauen und diese persönliche Beziehung auch zu erhalten. Im vorliegenden Ratgeber erfährst Du alles rund um das seit 40 Jahren bewährte Konzept der Gewaltfreien Kommunikationsmethode, ihrem Vier-Säulen-Prinzip und ihren Vorteilen, aber auch der Kritik, der sie sich gegenübersieht. Und keine Sorge: Selbstverständlich musst Du Dich jetzt nicht durch eine trockene theoretische Abhandlung quälen! Vielmehr geben wir Dir von Tipps für den Alltag bis zu neuesten Erkenntnissen in der Kindererziehung alles Nützliche und Spannende an die Hand und werden damit auch Deine Fragen garantiert beantworten. Wir kennen Deine Situation, denn wie Deine Lebensumstände derzeit auch aussehen mögen: Es gab und gibt auch unter uns Eltern immer welche, die genau wissen, wovon Du sprichst und was in Dir vorgeht, weil sie es schon erlebt haben. Und noch besser: Es gibt die GFK! Denn um zumindest einen Vorzug dieser erfolgreichen Erziehungsmethode gleich vorwegzunehmen: Ihre Grundlagen lassen sich auf jedes Familienbild anwenden und tragen in jedem Alter Deines Kindes und in jeder Lage zu einem friedlichen Familienleben bei.

Es geht los ... Grundlagen der Kommunikationsformen

Was ist eigentlich Kommunikation?

„In der rechten Tonart kann man alles sagen. In der falschen nichts."

Georg Bernhard Shaw

Kommunikation – ein einfaches Wort für eine gewaltige Macht: Denn was wäre die Welt ohne die Möglichkeit, sich untereinander zu verständigen? Zumindest der Duden gibt diese Begriffsbestimmung vor und konkretisiert den zwischenmenschlichen Verkehr „besonders mithilfe von Sprache, Zeichen". Du bist zwar niemand, der gerne viele Worte verliert, aber das ist Dir jetzt doch ein wenig zu knapp? Dann haben wir noch ein paar weitere Details für Dich!

Kommunikation ist weit mehr als ein gesprochener Informationsaustausch zwischen Menschen. Ohne sie würden wir als soziale Wesen verkümmern. Hast Du nicht vor, Dein Leben als Eremit in der Einsamkeit der chinesischen Zhongnan-Berge zu fristen – und in diesem Fall würdest Du wahrscheinlich gerade nicht diese Zeilen hier lesen –, erwartest Du auf eine Aussage eine Reaktion Deines Ansprechpartners. Natürlich könntest Du Selbstgespräche führen, doch langfristig würde Dein soziales Ich verkümmern. Das gilt übrigens nicht nur für Menschen, sondern auch für Flora, Fauna und sogar Faxgeräte: So besitzen Tiere die Fähigkeit, sich mit ihren Artgenossen auszutauschen, manch ein Experte sagt Pflanzen eine besondere Art der Verständigung untereinander nach, und seit einigen Jahren sind sogar elektrische Geräte in der Lage, miteinander zu kommunizieren. Wir allerdings haben allen anderen eines voraus: Die Gabe, uns in unzähligen Sprachen miteinander zu unterhalten, komplexe Fragestellungen durch die passende Wortwahl einfach zu erklären, aber auch durch den Einsatz von Gestik und Mimik unser Gegenüber wissen zu lassen, was wir gerade denken und fühlen. Nicht immer allerdings können wir von all diesen Kommunikationsmitteln gleichzeitig Gebrauch machen: Während wir uns von Angesicht zu Angesicht neben der Sprache auch Gebärden und Emotionen bedienen, reduzieren wir diese bei Telefongesprächen auf die reine Artikulation, verwenden in Briefen oder bei Textnachrichten auf Smartphones ausschließlich die Schriftform und in seltenen Fällen wie für eine Seenotrettung auch einmal Signal- oder Morsezeichen.

Doch wie einfach wäre es, könnten wir uns auf die korrekte Interpretation unserer Stimme und Mimik verlassen. Auch das wirst Du kennen: Schnell etwas ohne großes Nachdenken dahingesagt, schon leidet die Freundschaft, platzt der Business-Deal oder hängt der Familiensegen schief. Denn Kommunikation funktioniert nur wechselseitig: Wir reagieren alle auf unseren Gesprächspartner. Dabei kannst Du Missverständnisse und Streitigkeiten auch mit besten Absichten nicht zu 100 Prozent vermeiden. Was aber in Deiner Hand liegt: wie Du damit umgehst und ob Du die Situation eskalieren lässt oder die Wogen glättest. Neben Deinem Bauchgefühl können Dir verschiedene Kommunikationsmodelle dabei helfen, die Zusammenhänge der Verständigung und ihrer Fehldeutungen am Ende (doch) zu verstehen.

Vier Kommunikationsmodelle im Überblick

Zahlreiche Wissenschaftler haben sich im Laufe der Jahre mit verschiedensten Kommunikationsformen beschäftigt. Wir haben für Dich die vier bekanntesten unter die Lupe genommen und zusammengefasst:

Eisbergmodell von Sigmund Freud und Paul Watzlawick

Aus der Psychologie auf die Kommunikation übertragen und bildlich anschaulich umgesetzt wird Freuds Grundidee des Unterbewussten beim Eisbergmodell. Nur bis zu 20 % der gefrorenen Masse ragen aus dem Wasser hervor und stehen für allgemein sichtbare Informationen auf rationaler Ebene: Zahlen, Fakten, Daten und Co. Der verbleibende Großteil repräsentiert die zwischenmenschlichen Beziehungen und damit auch unsere nonverbalen Interaktionen wie Emotionen, Sorgen oder auch Freude. Eine erfolgreiche Kommunikation ist abhängig von einem harmonischen Zusammenspiel beider Ebenen und führt daher bei Verfehlung zu Konfliktsituationen unter den Gesprächspartnern.

Vier-Ohren-Modell von Friedemann Schulz von Thun

Zwei Stufen mehr findest Du beim Vier-Ohren- oder auch Vier-Seiten-Modell. Sein Begründer Friedemann Schulz von Thun ergänzt bei diesem Nachrichtenquadrat die Sach- und Beziehungsebene, die Du eben schon kennengelernt hast, um die Selbstoffenbarung sowie den Appell. Während wir alle bei der Selbstoffenbarung unbewusst Persönliches von uns preisgeben, erwarten wir beim Appell eine gezielte

Reaktion auf unsere Aussagen. Bei einer unterschiedlichen Deutung dieser vier grundsätzlich gleichberechtigten Seiten sind Konflikte unter den Betroffenen vorprogrammiert.

Transaktionsanalyse von Eric Berne

Bereits über ein halbes Jahrhundert alt ist die Transaktionsanalyse von Eric Berne. Der US-amerikanische Psychologe teilt unser Miteinander nicht in Ebenen auf, sondern betrachtet unsere kommunikativen Verhaltensweisen. Dabei offenbaren wir alle stets mindestens eines von drei Merkmalen: das umsorgende Eltern-Ich, das verspielte Kind-Ich oder das rationale Erwachsenen-Ich. Triffst Du auf einen gleichgesinnten Gesprächspartner, wird Eure Kommunikation ungestört und im Einklang verlaufen; einen weniger erfreulichen Ausgang nimmt Euer Dialog allerdings, prallen zwei der drei Kategorien aufeinander.

Sender-Empfänger-Modell von Claude Shannon und Warren Weaver

Ausnahmsweise nicht von Psychologen, sondern Mathematikern entworfen, gehen diese mit ihrem Sender-Empfänger-Modell das Thema von einer anderen Warte aus an: einer simplen Interaktion, bei der der Sender einem Empfänger eine Aussage zukommen lässt und auf eine Rückmeldung hofft. Das Problem: Die Aussage ist durch Sprache oder Gebärden codiert – erst die Antwort des Empfängers der ersten Botschaft zeigt, ob der Code entschlüsselt werden konnte oder missverstanden wurde.

Klingt alles kompliziert? Ist es auch. Und war es auch schon von Anfang an...

Von Rauchzeichen bis Instagram

- Die Protosprache gilt als die Urform zwischenmenschlicher Kommunikation und entstand vor rund 1,7 Millionen Jahren: eine Verständigung der Urmenschen mittels Lauten und Gesten

- Weitere 1,4 Millionen Jahre dauerte es, bis der Homo sapiens ein erstes Vokalsystem einführte

- Regionale Besonderheiten finden sich zwischen 6000 und 500 v. Chr.: So kommunizierten Afrikaner durch Trommeln, während Südosteuropäer auf eine geometrische Beschriftung von Kunstobjekten zurückgriffen und Ägypter auf Hieroglyphen.

Kurierdienste entstanden ebenso wie das phönizische Alphabet, die lateinische Schrift und das erste Postsystem – dessen Grundzüge wir bis heute nutzen!

- Es folgten die Flaschenpost, Rauchzeichen und Brieftauben

- Der 1846 entwickelte Druckertelegraf gilt als Vorläufer unseres Fax-Systems

- Die Erfindungen von Telefon und Radio gehen in die 1870er-Jahre zurück, 1928 erstrahlte auf Fernsehern in New York die erste öffentliche TV-Übertragung

- 1950 wurde der Mobilfunk eingeführt, 1989 die Verschickung von SMS-Nachrichten ermöglicht

- Stetigen Neuerungen im Internet verdanken wir seit rund 30 Jahren unzählige weitere Kommunikationsmöglichkeiten von E-Mail über Chats bis hin zu Social Networking

Und Unterhaltungen? Werden weltweit betrachtet besonders häufig auf Chinesisch geführt, darüber hinaus in knapp 7000 weiteren Sprachen. Und in der

Zukunft spielen möglicherweise Abkürzungen und Emojis eine noch bedeutendere Rolle bei unseren tagtäglichen Interaktionen.

Kommunikation mit Kindern

„Als Kinder lernen wir sprechen, als Erwachsener sollten wir lernen zuzuhören"

Franziska Friedel

Jetzt kennst Du schon so viele Möglichkeiten der Kommunikation, und wir sind noch immer nicht am Ende. Im Gegenteil: Wir wollen uns ja um unsere Kinder kümmern und darum, welche Art der Gesprächsführung bei der Erziehung die für Deine Situation die beste ist. Und das hängt natürlich auch vom Alter Deines Sohnes bzw. Deiner Tochter ab. Ab wann können uns die Kleinen wirklich verstehen, wann beginnen sie zu sprechen? Wie kommunizieren Kinder, und wie kommunizieren wir mit ihnen?

Frühzeitige Verständigung

Hast Du ab der 24. Schwangerschaftswoche klassische Musik gehört oder Dich mit Deinem noch Ungeborenen unterhalten, hat Dein Kind das bereits gespürt: Die erste Kommunikation verlief

erfolgreich. Nach der Geburt reagiert es dann mit Glucksen oder Mimik offensichtlich auf Deine Stimme; im Laufe der ersten zwölf Monate entwickelt es ein Gespür für Betonungen und einsilbige Wörter, und bis zum 6. Lebensjahr lernt es nach und nach den grammatikalisch korrekten Gebrauch seiner Muttersprache.

Was heißt das für Dich? Grundsätzlich sprechen Eltern mit ihren Säuglingen und Kleinkindern langsamer als mit Jugendlichen und Erwachsenen. Auch Du hast am Anfang mit Sicherheit einzelne Wörter besonders betont und einige Begriffe vereinfacht – wie bei den meisten von uns, geschah dies wahrscheinlich eher unbewusst. Selbst, wenn Dein Nachwuchs anfangs noch nicht in Sätzen antworten kann, ist er bereits in der Lage, die in Deinen Worten mitschwingenden Emotionen zu verarbeiten. Weitschweifige Erklärungen oder ein komplizierter Satzbau hingegen können Kleinkinder noch verwirren. Verzichte auch auf Untertöne oder Fragestellungen, bei denen Dein Kind sich gezwungen fühlt, die „richtige" Antwort auszuwählen und als Folge möglicherweise gar nichts sagt. Denn damit riskierst Du einen Schneeballeffekt: Erhältst Du keine Erwiderung, hebst Du vielleicht Deine Stimme oder wirst unwirsch, was wiederum die Kleinen noch mehr einschüchtert.

Respekt gegenüber Kindern

Wir sollten also von Beginn an respektvoll und bewusst mit unseren Kindern umgehen. Weshalb unterlaufen vielen von uns dann doch so viele Fehler? Ganz einfach: Weil wir unseren Nachwuchs in den seltensten Fällen als gleichberechtigte Gesprächspartner anerkennen. Wir verbinden mit dem Begriff „Kind" eine Person, der wir aufgrund ihrer noch unausgereiften Entwicklung automatisch weniger Respekt entgegenbringen. Lass mich das an einem Beispiel verdeutlichen: In zwei Gruppen eingeteilt, sollten Testpersonen den identischen Dialog führen – einmal mit Kindern sowie andererseits mit ihren Nachbarn. Das Resultat war eindeutig: Den Erwachsenen wurden ungleich mehr Ansehen und Anteilnahme entgegengebracht. Nutze die Kenntnis aus diesem Experiment und versuche, Deinem Kind bereits in jungen Jahren ebenso verständnisvoll zu begegnen wie Du es bei Älteren tätest. Dass dies zwar einfacher gesagt ist als getan, wissen wir alle. Dank des Ansatzes der Gewaltfreien Kommunikation kannst Du jedoch lernen, auch Dein Kind als gleichberechtigte Person wahrzunehmen, jeder Situation ruhig und sachlich zu begegnen und Deinem Nachwuchs gegenüber nie die Selbstbeherrschung zu verlieren, ungewollte

Ratschläge zu erteilen oder zu viel Empathie zu zeige

Gewaltfreie vs. Gewaltvolle Kommunikation

„Wo man schreit, ist keine klare Erkenntnis"

Leonardo Da Vinci

Gewaltfreie Kommunikation – scheint Dir diese Begrifflichkeit auf den ersten Blick auch irgendwie unpassend? Schließlich scheint doch Gewalt eine körperliche Maßnahme, während Kommunikation in erster Linie mit Sprache und Gestik in Verbindung gebracht wird? Nun – nicht ganz. Denn auch Worte können verletzen und selbst gut gemeinte Ratschläge implizit Gewalt auf den Gesprächspartner ausüben. Und genau darauf baut der Ansatz der Gewaltfreien Kommunikation auf. Bereits geklärt haben wir den Urheber dieses Kommunikationsmodells: den 2015 im Alter von 80 Jahren verstorbenen Marshall B. Rosenberg. Bis zuletzt hat er seine Ideen gelehrt und damit vielen Betroffenen geholfen, angespannte Situationen durch die geeignete Wortwahl, Stimmlage und Haltung zu deeskalieren. Dabei geht es in erster Linie um Deine Grundeinstellung: Das Fundament der Gewaltfreien Kommunikation liegt in der Bereitwilligkeit und dem Vermögen, intensiv zuzuhören, die Aussagen des Gegenübers ohne Wertung wahrzunehmen und urteilsfrei und einfühlend zu reagieren. Missachten wir diesen Grundsatz, üben wir möglicherweise bereits Gewalt aus, obgleich wir es gut meinen.

Ein Beispiel:

Deiner Tochter wächst alles über den Kopf – sie muss fürs Abitur büffeln, ihr Freund hat mit ihr Schluss gemacht und der Hockeytrainer ihre ärgste Konkurrentin bei den kommenden Meisterschaften auf ihrer Position als Stammspielerin nominiert. Du empfindest Mitgefühl und versuchst, die Situation durch Ratschläge und Beschwichtigungen zu entspannen. Doch damit erfüllst Du bereits die Definition der Gewaltvollen Kommunikation: Durch Deine ungefragten Tipps und die Abwiegelung der für Deine Tochter so bedeutenden Umstände fühlt sie sich möglicherweise in eine Ecke gedrängt und missverstanden. Stehst Du ihr stattdessen als neutraler Zuhörer zur Seite und versuchst, gemeinsam mit ihr die Lage zu analysieren und ihre eigenen Gefühle richtig einzuordnen, dann hast Du bereits einen der Grundzüge der Gewaltfreien Kommunikation beachtet und erfolgreich umgesetzt!

Wer hat sich das eigentlich ausgedacht?

Auch der Begriff der Gewaltvollen Kommunikation geht auf Marshall B. Rosenberg zurück. Mit 27 Jahren promovierte der US-Amerikaner 1961 in klinischer Psychologie; noch im selben Jahrzehnt erregte er mit seinem Modell zur Gewaltfreien Kommunikation weltweit Aufsehen. Zur besseren Veranschaulichung hat er zeitgleich den Begriff der „Wolfssprache" geprägt, in der sich von Natur aus aggressive Merkmale wie Drohungen, Forderungen oder Manipulationen mit gutgemeinten Interpretationen oder Ratschlägen vereinen (*Du erinnerst Dich an das Beispiel mit Deiner Tochter?*). Unter den Begriff fallen also auch Lob und Komplimente – all das, was unserem Gegenüber das Gefühl gibt, wir wüssten es genau einzuschätzen. Die Ursache dafür, dass wir alle von Haus aus eher zur Wolfssprache tendieren, liegt nach Rosenberg in unserer Erziehung, die durch Gehorsam gegenüber den Erziehungsberechtigten und Urteile über andere Personen geprägt ist. Sind wir uns dessen jedoch bewusst, ist bereits der erste Schritt auf dem Weg zur Gewaltfreien Kommunikation getan.

Worauf basiert die GFK? Drei Grundsätze

Ein Gedankenmodell eines weiteren US-amerikanischen Psychologen hat einen der drei Grundsteine für die Schaffung der GFK gelegt: Abraham Maslow erklärt in seiner Bedürfnishierarchie, dass all unsere Handlungen bewusst oder unbewusst auf einem Bedürfnis und der Hoffnung auf dessen Befriedigung basieren. Rosenberg greift dies als erste seiner drei Motivationen für die Gewaltfreie Kommunikation auf:

1. Jeder unserer Handlungen liegt das Ziel zugrunde, ein Bedürfnis zu befriedigen. Dabei reicht die Skala von der Lust auf Bewegung (Sport) über Selbstverwirklichung (Malerei) bis hin zu Fürsorge (Nachbarschaftshilfe) oder Ärger (Mobbing). Der Clou: Manchmal ist Dir gar nicht bewusst, weshalb Du gerade etwas tust oder unterlässt.

2. Apropos Nachbarschaftshilfe: Uns allen ist angeboren, uns füreinander einzusetzen. Nun gut, Du magst Dich fragen, ob das wirklich stimmt – es gibt schließlich genug Beispiele für ungemein egoistische Personen, die uns immer wieder im Alltag begegnen. Doch auch, wer in Beruf oder Privatleben über Leichen geht, ist

von der Gesellschaft abhängig. Die Anzahl derjenigen, die ohne jegliche sozialen Kontakte leben, kannst Du weltweit wahrscheinlich an gut einer Hand ablesen. Die Wahrscheinlichkeit ist also hoch, dass wir uns gegenseitig aus redlichen Gründen Tipps erteilen und das trotz unseres Wohlwollens auf die Gewaltvolle Kommunikation.

3. Der dritte Aspekt basiert ebenfalls auf einem positiven Menschenbild: Wir alle versuchen, situationsabhängig stets bestmöglich zu handeln. Dieses Streben nach Harmonie kann jedoch schnell in Frustration umschlagen – und zwar genau dann, wenn unser Bedürfnis nicht befriedigt wird. *Noch einmal zurück zum Beispiel mit Deiner Tochter: Du möchtest ihr helfen; sie fühlt sich von Dir missverstanden und reagiert in einer Art, die Dein Bedürfnis nach Fürsorge nicht erfüllt.* Versuchst Du, den Konflikt mithilfe der Strategie der GFK zu lösen, wirst Du mit an Sicherheit grenzender Wahrscheinlichkeit zu einem friedlichen und konstruktiven Resultat für Euch beide gelangen.

Voraussetzungen der GFK

Klingt für Dich in der Theorie soweit gut und im Prinzip auch verständlich? Leider fängt es jetzt aber erst an. Denn der Begründer der Gewaltfreien Kommunikation knüpft deren Erfolg an einige Bedingungen.

Ohne Einfühlungsvermögen geht es nicht. Die Empathie ist die Grundvoraussetzung, um sich in andere hineinzuversetzen, ehrlich zu sich selbst sein und offen und transparent mit seinem Gesprächspartner kommunizieren zu können. Du hast es wahrscheinlich gleich gemerkt: Hier verstecken sich drei Anforderungen unter einem Schlagwort! Denn nicht nur sind Dein Verständnis und Deine Aufmerksamkeit gegenüber anderen gefragt. Über aller Anteilnahme für deren Situation darfst Du Dein eigenes Seelenheil in diesem Moment nicht vergessen. Im Rahmen der GFK ist damit natürlich kein Rückfall in egoistische Verhaltensweisen gemeint. Vielmehr wirst Du niemandem vorurteilsfrei all Deine Energie spenden können, wenn Du Dich in genau diesem Moment gerade selber leer und ausgelaugt fühlst. Auch Du würdest Dich mit Sicherheit nicht über falsche Fürsorge oder gekünstelte Floskeln freuen. Nur mit Selbstliebe und Selbstakzeptanz können wir Liebe und Akzeptanz auch an andere weitergeben. Beginne also mit der

Fragestellung, ob Du in der fraglichen Situation wahrhaftig zum Zuhören bereit und aufnahmefähig bist.

Denn damit geht es dann weiter! Beobachte Dich auch hier: Bist Du bereit, Deinen Fokus zu einhundert Prozent auf Dein Gegenüber zu legen? Dazu zählt nicht nur, ihm Deine ungeteilte Aufmerksamkeit zu schenken. Sondern auch, Dich auf jeden Gesprächsausgang einzustellen. Denn nutzt Du die ▴Gewaltfreie Kommunikation, ist jede Manipulation tabu – das heißt im Umkehrschluss, dass Du das Gespräch nicht in eine erwünschte Richtung lenken darfst, selbst, wenn Du das könntest. Du wirst es allerdings wahrscheinlich gar nicht mehr wollen: Hast Du einmal den Ansatz der GFK verinnerlicht und für Dich als passende Methode erkannt, helfen Dir Respekt und Empathie dabei, jedem vorurteils- und wertfrei im Sinne der GFK zuzuhören.

Das war jetzt recht viel auf einmal. Wir brechen es noch einmal auf die wichtigsten Aspekte herunter:

Denke an den anderen – Empathie und Zuhören

Viel häufiger als nötig reden wir aneinander vorbei. Ehrliches Einfühlungsvermögen hilft, die Sympathie des anderen zu gewinnen und so Konfliktsituationen zu entschärfen. Dein Gegenüber wird viel eher bereit sein, sich auch auf Dein Anliegen einzulassen und sich Dir zuzuwenden. Zugleich kostet auch Dich selber ein friedliches Miteinander um einiges weniger Energie. Du solltest also aus zwei Gründen Dein eigenes Befinden niemals außen vorlassen:

Denke an Dich – Selbstliebe und Selbstempathie

Nicht selten gehen wir mit uns selber besonders hart zu Gericht. Versuche, Dich selbst mit offenen Augen zu betrachten und Dir Fehler zu verzeihen.

„Solange man selbst redet, erfährt man nichts"

Marie von Ebner-Eschenbach

Übernimmst Du die Verantwortung für Deine Gefühle und Taten, bereitest Du die optimale Ebene für eine Gewaltfreie Kommunikation: Dein Kopf ist frei von allen vorgefassten Gedanken, Deine mentale und körperliche Verfassung stark genug für alles, was sich aus dem folgenden Gespräch ergeben wird.

Gehen wir trotzdem noch einmal zurück zum Anfang: Denn leider ist auch das nicht einfach mal schnell erledigt, und Du kannst gleich wieder zur neuen Tagesordnung übergehen. Du benötigst Zeit: Nimm sie Dir, um diese besondere Art der Aufmerksamkeit zu erlernen.

Mit der Weile wirst Du automatisch Deine Gefühle sehr viel genauer und ehrlicher beobachten können als Du es derzeit tust. Und sei Dir bewusst, dass eines nicht ohne das andere geht: Empathie ist nur dann möglich, wenn Du Dich selbst liebst und Zuhören nur dann einfach, Du zuvor an Dich denkst. In diesem Sinne ist Selbstliebe nichts Egoistisches, sondern die Voraussetzung für ein verständnisvolles Miteinander.

Mit Deinem Kind auf Augenhöhe kommunizieren

„Es gibt keine Freiheit ohne gegenseitiges Verständnis"
Albert Camus

Du kannst gleich damit beginnen, Dich selbst zu hinterfragen: Hast Du soeben bei den Ausführungen zu den Voraussetzungen der GFK an Dein minderjähriges Kind gedacht – oder doch eher an einen anderen Erwachsenen: Deine Mutter, Deinen Nachbarn, Freund oder Vorgesetzten? Sollte Letzteres zutreffen, befindest Du Dich zwar auf einer Linie mit einem Großteil unserer über 21-jährigen Bevölkerung. Richtig wird es dadurch jedoch nicht. Denn auch für eine Gewaltfreie Kommunikation mit Deinem Nachwuchs gilt die Grundvoraussetzung, es im Sinne der GFK als vollwertige Person anzusehen, die im Dialog mit Dir auf Augenhöhe steht – unabhängig vom Alter.

Wie bitte: auch bei einem Kleinkind? Diese Frage mag ihre Berechtigung haben – die Antwort im Sinne der GFK ist jedoch ausnahmslos ein klares „Ja!". Gerade während der ersten drei Lebensjahre prägen wir mit unseren Worten und unserem Verhalten unsere Kinder, die zu dieser Zeit fast ausschließlich Impulsen folgen und nur im Moment leben. Nutze diese Phase und sei Deinem Sohn oder Deiner Tochter als empathischer Gesprächspartner ein Vorbild für deren weitere Entwicklung. Hörst Du aufmerksam und ohne zeitliche Begrenzung zu, wird Ihr Vertrauen in Dich wachsen. Und Du unterstützt sie dabei, sich selbst besser kennenzulernen.

Tipp: Wiederhole ihre Aussagen in Deinen eigenen Worten und frage nach, ob Du alles korrekt verstanden hast. Und vermeide unbedingt ungefragte Ratschläge – auch bereits in diesem jungen Alter! Versuche vielmehr, gemeinsam mit Deinem Nachwuchs Lösungen für Probleme zu erarbeiten.

Auch bei der Gewaltfreien Kommunikation mit Kindern geht es nicht darum, dass der Stärkere gewinnt. Mit Respekt, Wertschätzung und Authentizität wirst Du Deinen Sohn und Deine Tochter zu selbstständigen Handlungen und selbstbewussten Erwachsenen erziehen, deren Persönlichkeiten ebenfalls durch Empathie und Selbstempathie gekennzeichnet sein werden.

Ein Beispiel:

Es dreht sich wieder um Deine Tochter – diesmal allerdings drehe an der Uhr und stelle sie Dir als kleines Kind vor. Ein herzallerliebstes Kind – aber leider auch ein absoluter Springinsfeld: Still in einem Buch zu malen, ist Deiner Tochter zu langweilig. Sie hüpft auf dem Sofa herum, tollt im Wohnzimmer mit dem Hund und möchte einfach nicht ruhig sitzenbleiben.

Du hingegen hattest einen langen Arbeitstag, bist erschöpft und wärst jetzt einfach gerne mal kurz allein. Eine typische Verhaltensweise wäre hier eine manipulative Aussage wie: „Du bist doch sicher schon ganz müde – wie wäre es, jetzt ins Bett zu gehen?" Damit magst Du als weisungsgebende Mutter zwar oberflächlich Erfolg haben. Doch ins Bett geht die Kleine sicher nicht, weil sie wirklich schlafen möchte. Vielmehr lernt sie durch Deine freundlich verpackte Aufforderung, dass man zur Erreichung eines Ziels augenscheinlich nicht unbedingt auf den anderen eingehen und auch nicht bei der Wahrheit bleiben muss.

Wendest Du stattdessen die Grundsätze der Gewaltfreien Kommunikation an sagst Du Deiner Tochter ehrlich, wie Du Dich gerade fühlst. Sie wird nicht nur Verständnis für Deine aktuelle Befindlichkeit aufbringen – sondern daraus als Konsequenz auch in zukünftigen Situationen gemeinsam mit Dir in friedlicher Kommunikation Lösungen bei anstehenden Problemen entwickeln.

***Tipp:** Du bezweifelst, ob Du dem Erziehungskonzept im Alltag einfach so folgen kannst? Lass Dir zu Deiner Beruhigung sagen, dass niemand von heute auf morgen seine Kommunikationsstrategie komplett umstellen kann – vor allem nicht dann, wenn es schnell gehen soll, wir gerade mal wieder gestresst oder mit dem linken Fuß zuerst aufgestanden sind. Die Verinnerlichung der GFK kostet Zeit und den nötigen Mut, die Bereitschaft für absolute Ehrlichkeit Dir und anderen gegenüber aufzubringen. Selbstverständlich musst Du den Ansatz nicht in jedem Gespräch anwenden: So ist er nicht für alltägliche Unterhaltungen mit Deinen Kindern gedacht, die sich sowieso auf einer harmonischen*

Ebene abspielen sollten. Vielmehr ist die Methode ein wirksames Mittel bei einem Meinungsaustausch mit Hinweis auf Konfliktpotenzial.

Vielleicht hilft es Dir auch, eine Art Kommunikationstagebuch zu führen: Darin kannst Du Deine ganz eigenen Erfahrungen innerhalb Eurer Familie notieren – darüber hinaus aber auch das, was Du im Verhalten anderer Eltern bei Gesprächen mit ihren Kindern erkennst. Eine objektive Perspektive hilft Dir dabei zu ermitteln, ob Du in der entsprechenden Lage höchstwahrscheinlich ebenso oder anders reagierst und die Giraffensprache der Gewaltfreien Kommunikation angewendet hättest.

Wolfssprache und Giraffensprache

Du hast schon ganz richtig gelesen: Im Folgenden werden wir uns mit dem Wolf und der Giraffe auseinandersetzen – allerdings selbstverständlich nur im übertragenden Sinne. Rosenberg selbst hat die Begriffe für eine Gewaltvolle und die Gewaltlose Kommunikation geprägt. Um seinen Seminarteilnehmern vom ansonsten so theoretischen Sprachmodell eine visuelle Vorstellung zu ermöglichen, ließ er sich sogar zwei entsprechende Handpuppen fertigen. Damit können wir Dir jetzt zwar nicht dienen, aber wir geben unser Bestes, Dir die Modelle auch ohne eine Theatervorführung näherzubringen.

Beginnen wir mit dem Wolf: Er soll auf eine bildlich spielerische Art eine lebensentfremdende Kommunikation veranschaulichen. Was genau das sein soll? Erklären wir Dir im nächsten Abschnitt!

Die Wolfssprache

Eigentlich ist das international auch als „Jackal" (der Schakal) bekannte Raubtier nicht grundsätzlich schlecht. Mit seinem Verhalten allerdings bedrängt der

Wolf in der Regel einfach immer sein Gegenüber – unabhängig von seinen Motiven. Denn nach Rosenberg entsprechen sowohl unerwünschte Ratschläge (*Deine Teenager-Tochter*) sowie auch Lügen oder Befehle (*Deine Kindergarten-Tochter*) gleichermaßen einer Gewaltvollen Kommunikation. Dass wir sie so oft nutzen, liege an unserer Erziehung: Von klein auf lernen wir zu gehorchen und uns sofort über alles und jeden eine Meinung zu bilden.

- Sind Wölfe wütend, knurren sie – wir werden laut.

- Haben sie Angst, erstarren sie – wir ziehen uns zurück.

- Wollen sie etwas erreichen, werden sie aggressiv – wir verlangen und manipulieren.

- Pflegen sie ihre Nachkommen, fragen sie nicht lange – wir mischen uns ein.

Neben Androhungen und Strafen, Urteilen und Forderungen besteht die Wolfssprache somit noch aus einer zweiten Komponente: Auch mit Komplimenten, Lob und Belohnung nehmen wir uns das Recht, einer anderen Person bestimmte Eigenschaften und Gefühle zuzuschreiben. Ein typisches Muster von Schubladendenken, das Vorurteile bestätigt und die Betroffenen in ihrer Freiheit einschränkt.

Ein Beispiel:

Dein Sohn spendiert einem Klassenkameraden ein Eis und hat nun bis zur kommenden Woche kein Taschengeld mehr. Du triffst für Dich die Entscheidung, dass er entweder großzügig gehandelt hat: „Das war aber unglaublich lieb von Dir. Da hast Du ihm bestimmt eine riesige Freude gemacht!", schiltst ihn als unklug: „So wird später nie etwas aus Dir! Du wirst niemals lernen, mit Geld umzugehen!" oder erzeugst bei ihm mit einfachem Kopfschütteln und Schweigen Schuldgefühle. In allen drei Fällen maßt Du Dir an zu entscheiden, ob Dein Sohn richtig oder falsch gehandelt hat, und bedienst Dich somit der Herrschaftssprache der Wölfe.

Die Attribute der Wolfssprache noch einmal auf den Punkt gebracht:

<u>Wölfe</u>

- übernehmen keine Verantwortung
- suchen Schuldige
- fordern statt bitten
- erteilen Strafen

- verbreiten Angst
- üben Druck aus
- katalogisieren in „richtig" und „falsch"

Die Giraffensprache

Ganz im Gegensatz zum Wolf standen für den Psychologen aus Ohio das große Herz und der umfassende Weitblick der Giraffe synonym für unsere innere Haltung zu Verbindlichkeit und Harmonie. Aufgrund seines langen Halses streitet sich der gefleckte Paarhufer niemals mit anderen Tieren um Futter; vielmehr überblickt er aus höchster Höhe Flora und Fauna der Umgebung und betrachtet wertfrei das tägliche Geschehen: für Rosenberg das ideale Symbol für einen verbindlichen und respektvollen Umgang untereinander – und damit auch einer gewaltfreien Sprache.

Du kennst „Der kleine Prinz" des Schriftstellers Antoine de Saint-Exupéry? Er war sich sicher, dass wir mit dem Herzen sehen sollten. Das Herz spielt auch in der Gewaltfreien Kommunikation eine bedeutende Rolle – nämlich das der Giraffe. Kein anderes Landsäugetier hat ein Herz in der Größe des afrikanischen Wiederkäuers, keines einen längeren Hals. Als Konsequenz nimmt die Giraffe nicht nur alles aus einem objektiven Beobachtungspunkt aus wahr. Sie ist zudem in der Lage, die Bedürfnisse anderer zu erkennen, ohne sie zu bewerten. Ihre Aufmerksamkeit richtet sich auf die vier Grundelemente der GFK: der Empathie, Selbstempathie, der Selbstliebe und dem Zuhören. Dabei vermeidet sie Schubladendenken und Schuldzuweisungen. Frage Dich bei der friedvollen Kommunikation also immer, was Du gerade selbst benötigst und versuche auf unaufdringliche Weise herauszufinden, was Deinem Kind gerade wichtig sein könnte. Könnt Ihr diese Erkenntnisse wertfrei im Gespräch umzusetzen, steht eine friedvolle Konfliktlösung in den meisten Fällen vor Eurer Tür.

Ein Beispiel:

Im obigen Beispiel von Deinem spendablen Sohn beobachtest Du die Szene als neutraler Zuschauer. Dabei versuchst Du Dich in Deinen Sohn und seine Beweggründe zu versetzen und gehst gleichzeitig ehrlich mit Dir selbst ins Gericht. Dabei übernimmst Du die volle Verantwortung für Deine Gedanken und Bedürfnisse und äußerst diese persönlichen Empfindungen offen. Vielleicht hältst Du ihn für großzügig: „Ich habe gerade gesehen, wie Du Deinem Klassenkameraden ein Eis spendiert hast. Er wirkte sehr glücklich. Wolltest Du ihm einfach einen Gefallen tun? Das hat mich an meine

Mutter erinnert, die ihr Pausenbrot wohl immer mit ihrer Klassenkameradin geteilt hat. Es ist jedes Mal wieder schön zu sehen, wenn andere füreinander da sind.", vielleicht aber auch für unwirtschaftlich: *„Ich habe gerade gesehen, wie Du Deinem Klassenkameraden ein Eis spendiert hast. Es muss ja Dein letztes Taschengeld für diese Woche gewesen sein. Das bereitet mir als Mutter ein wenig Sorge – vielleicht können wir uns irgendwann einmal zusammensetzen und gemeinsam überlegen, ob man ihn vielleicht auch anders hätte beglücken können?",* vielleicht aber beschließt Du auch, die Sache auf sich beruhen zu lassen: *„Möglicherweise hat er einen Fehler gemacht. Aber nur durch Fehler lernt man, und dieser wäre nicht tragisch. Ich werde einfach gar nichts sagen."* In den ersten beiden Fällen öffnest Du Dich Deinem Sohn gegenüber und eröffnest ihm so die Möglichkeit, Dir seine Motive darzulegen. In allen drei Fällen verzichtest Du darauf, seine Handlung zu bewerten. Du bedienst Dich somit der gewaltlosen Sprache der Giraffe.

Die Attribute der Giraffensprache noch einmal auf den Punkt gebracht:

<u>Giraffen</u>

- übernehmen Verantwortung
- suchen keine Schuldigen

- bitten statt fordern
- erteilen keine Strafen
- verbreiten keine Angst
- üben keinen Druck aus
- erkennen in Fehlern Chancen

Wolf und Giraffe: Sind wie Feuer und Wasser ...

Das ist klar erkennbar. Wahrscheinlich findest Du selbst dann kaum eine Gemeinsamkeit, solltest Du in Ruhe darüber nachdenken. Sie leben jeweils in freier Wildbahn – damit ist dann auch schon fast alles gesagt.

... und können trotzdem nicht ohne einander:

Trotz seiner gewaltvollen Sprache ist der Wolf jedoch auch im Rahmen der Gewaltfreien Kommunikation unentbehrlich. Jedes Gegensatzpaar bedingt sich – wärest Du nie traurig, könntest Du Fröhlichkeit nicht schätzen, nie unglücklich, die glücklichen Momente viel weniger intensiv erleben. Darüber hinaus erfüllt das größte Tier aus der Hundegattung einen weiteren Zweck: Er schützt uns vor uns selbst. Denn bemerken wir im Rahmen der Selbstempathie, dass wir gerade nicht in der Lage sind zu kommunizieren, gewährt er uns den benötigten Abstand und erlaubt uns, uns zurückzuziehen und Gespräche in der Giraffensprache auszusetzen.

Was sie (wir) dann sagen, wenn sie (wir) dann sprechen, im Folgenden noch einmal als Begriffspaarungen auf den Punkt gebracht:

Giraffe	Wolf
wahrnehmend	wertend
mitfühlend	unterstellend
bittend	fordernd
bedürfnisorientiert	strategisch

Übrigens musst Du Dir niemals Sorgen machen, fällst Du aus alter Gewohnheit in die Wolfssprache zurück: Sobald Du es bemerkst, befindest Du Dich automatisch schon wieder auf dem richtigen Wege zur Giraffensprache und damit Gewaltfreien Kommunikation!

Tipp: Bist Du unsicher, ob Du Dich vollends der Giraffensprache bedienst oder Dir versehentlich vielleicht doch noch einige kleinere Wolfsgeheule unterlaufen, wiederhole das, was Dein Kind Dir mitteilt, in Deinen eigenen Worten.

Damit stellst Du sicher, nicht Deiner eigenen und möglicherweise falschen Interpretation zu folgen und beweist gleichzeitig Deine volle Aufmerksamkeit. Ein positiver Langzeiteffekt: Auch Deine Kinder werden sich aufgrund Deines Vorbildes nach und nach dem Modell der GFK annähern und die friedliche Giraffensprache verwenden. Nur allzu oft beklagen Lehrer, dass ihre Schüler zu einer positiven Streitkultur im Sinne der GFK – einer ruhig geführten, sachlichen und dennoch persönlichen Diskussion statt eines lauten Streits – nicht mehr in der Lage seien. Deine Kinder könnten den Anfang dazu machen!

Vier weitere Aspekte: das Prinzip der GFK

„Es ist nie zu spät, um das zu sein, was du sein könntest"

George Elliot

Konzept & Philosophie

Kinder als gleichberechtigte Gesprächspartner anzuerkennen, keine Befehle oder Ratschläge zu erteilen und immer bei der Wahrheit zu bleiben: Wer es nicht besser weiß, mag im Modell der GFK einen modernen Ansatz zwischenmenschlicher Beziehungen sehen und als Erziehungsmethode ins Hier und Jetzt verorten. Dir hingegen muss ich nicht noch einmal sagen, dass diese Annahme weit gefehlt ist. Vielmehr hat die Gewaltfreie Kommunikation nicht nur bereits ihren 50. Geburtstag gefeiert, sondern auch nicht vor, sich allzu bald aufs Altenteil zurückzuziehen. Im Gegenteil – ihr Anspruch liegt darin, immer mehr Personen rund um den Globus von sich zu überzeugen. Und warum auch nicht? Man wird mit den Jahren ja bekanntlich immer interessanter …

Ein Inder als Vorbild

Keinen Geringeren als Mahatma Gandhi nahm sich Marshall B. Rosenberg, der sich selbst in den 1960er-Jahren im Rahmen der amerikanischen Bürgerrechtsbewegung gegen Rassentrennung an Schulen engagierte, zum Vorbild für sein Konzept – gelang es dem Vorkämpfer für ethnische Gleichberechtigung doch bereits zu Beginn des 20. Jahrhunderts, durch ausschließlich gewaltfreien Widerstand die geplanten Maßnahmen der britischen Kolonialmacht zur Unterdrückung der indischen Bevölkerung erfolgreich zu bekämpfen. Rosenberg griff die Idee der damaligen Protestzüge auf und transferierte sie aus den Slums des südasiatischen Staates an den Fachbereich der Psychologie der Universität Wisconsin, an der er kurz zuvor seinen Doktortitel erlangte. Selbstverständlich wollte er sein Konzept von dort aus weltweit verbreiten – doch zunächst galt es, die Details seiner Philosophie vor Ort auszuformulieren.

Auch, wenn Du inzwischen zum Elternsprechtag gehst und nicht mehr zur Klassenarbeit: Aus dem Deutschunterricht ist Dir bestimmt noch die hohe Bedeutung des richtigen Aufbaus einer wissenschaftlichen Arbeit bekannt. Zunächst also zur These der Gewaltfreien Kommunikation:

Eine weltweit gültige These

Rosenbergs Ansatz basiert auf der Annahme, dass es weltweit kaum Menschen gäbe, die nicht mit der Wolfssprache aufwüchsen. Diese Art der Kommunikation wiederum bestimmt unsere Reaktionen auf die Bandbreite an Empfindungen, denen wir jeden einzelnen Tag ausgesetzt sind und die in unseren Augen zum überwiegenden Teil durch das Verhalten unserer Mitmenschen hervorgerufen werden. Erregt etwas unseren Ärger, werden wir wütend, ziehen uns zurück oder greifen unser Gegenüber an. Empfinden wir Mitleid, mischen wir uns nicht selten ungefragt in persönliche Angelegenheiten dritter Personen und beschwören durch unerwünschtes Mitleid oder ungefragte Ratschläge eine Konfliktsituation herauf. Besonders häufig geschieht dies in Freundeskreisen oder Familien – bei all denen also, denen wir besonders nahestehen und mit denen wir es eigentlich gut meinen.

Zurück zu Deinen Töchtern! Ob fast flügge so wie in unserem ersten Beispiel oder noch nicht der Kinderstube entwachsen: Bevormundung ist in keinem Alter eine Lösung. Weder benötigt Dein Teenagermädchen gut gemeinte Tipps in Beziehungsfragen von ihrer Mutter noch die Kleine Dein Mitleid vor all ihren Freundinnen in der Kita, wenn sie über ein Spielzeug am Boden stolpert. In beiden Fällen fühlen sich Deine Töchter von Dir bedrängt – Du wiederum bist überzeugt, genau zu wissen, was in ihnen vorgeht, und möchtest helfen. Spätestens in Erinnerung daran, wie Du als Jugendliche auf ähnliche Bekundungen Deiner Eltern reagiert hast, solltest Du Dein Handeln allerdings überdenken und das Konzept der Gewaltfreien Kommunikation für ein harmonisches Familienleben auch in Betracht ziehen, bevor Du ungefragt zur Unterstützung schreitest.

Dass Du die GFK auch bei Deiner dreijährigen Tochter nicht nur anwenden solltest, sondern überhaupt anwenden kannst, liegt an einem weiteren Verständnis von Rosenbergs Theorie: Für eine friedliche Kommunikation im Sinne der Giraffensprache ist es ausreichend, wird sie von einer der Gesprächspersonen genutzt. Fehlt es also anfangs bei Deinen Kindern an demselben Verständnis, das Du ihnen entgegenbringst, lass Dich nicht entmutigen. Dein Ziel eines harmonischen Familienlebens wirst Du allein aufgrund Deiner empathischen Einstellung dennoch erreichen können.

Ist der Mensch von sich aus gut?

Seiner These lässt Rosenberg nun den Vorschlag folgen, wie eine wertschätzende Kommunikation ermöglicht werden kann. Dabei geht er davon aus, dass jedem Menschen eine grundsätzliche Hilfsbereitschaft gegenüber anderen in die Wiege gelegt sei und wir nur darauf achten müssten, unsere Zuwendung niemandem aufzuzwängen. Oft verursachen kleinste sprachliche Missverständnisse größten Schaden – der durch eine wertfreie Analyse im Vorfeld auf einfachste Art und Weise abgewendet werden könnte.

Hierbei spielt es beim Modell des US-Amerikaners keine Rolle, in welchem Verhältnis die Betroffenen zueinanderstehen. Von Auseinandersetzungen in Lebenspartnerschaften über Spannungen im Arbeitsumfeld bis hin zu Kontroversen auf internationaler politischer Bühne soll eine Deeskalation denkbarer Konflikte herbeigeführt bzw. diese idealerweise bereits im Vorfeld ausgeräumt werden. Besonders häufig jedoch hilft die korrekte Anwendung Gewaltfreier Kommunikation dabei, den Alltag von Familien zu harmonisieren und den Ausbruch schwerwiegender Dispute und Streitigkeiten zu vermeiden. Sei Dir aber bewusst, dass auch hier die empfohlenen Verhaltensweisen ausschließlich als Grundlage zur Anpassung an die jeweils individuellen

Begebenheiten dienen! Die Gewaltfreie Kommunikation soll Dich darin unterstützen, Deine Bedürfnisse und Gefühle richtig zu deuten und entsprechend umsichtig zu handeln.

Die drei Grundlagen für die GFK:

1. *Bedürfnisbefriedigung,*
2. *Mitgefühl und*
3. *Streben nach bestmöglichem Handeln in jeder Situation*

haben wir bereits ebenso kennengelernt wie die Bedingungen, unter denen sie ausschließlich stattfinden kann:

1. *Empathie und Zuhören,*
2. *Selbstempathie und Selbstliebe.*

Das war allerdings noch nicht alles! Zu guter Letzt fordert Rosenberg ein Zusammenspiel von vier weiteren tragenden Säulen.

Wer A sagt, muss auch D sagen: die vier Säulen der Weisheit

Du liebst Rätsel? Dann habe ich hier eines für Dich: Ich erkenne a, fühle b, benötige c und hätte gerne d. Wovon spreche ich?

Nun gut, ich habe es mir gedacht: Du hast mich durchschaut. Natürlich geht es weiterhin um die Gewaltfreie Kommunikation mit Kindern. A, B, C und D stehen dabei für die letzten vier Pfeiler, auf denen Rosenberg sein Konzept gründet.

Beobachte aus einem objektiven Blickwinkel

Mit ihr beginnt alles: der Beobachtung. Und erneut gilt, dass auch dieser Aspekt nicht vom Alter Deines Nachwuchses abhängt. Betrachte sein Verhalten aus einer neutralen Position und vermeide eine Interpretation durch Deine eigenen Gefühle. Denn nur mit einer vorurteilsfreien Wahrnehmung wird es Dir gelingen, auch widerspenstiges Auftreten unvoreingenommen zu bewerten und durch behutsames Vorgehen einen konfliktfreien Meinungsaustausch herbeizuführen.

Und wie beobachtest Du richtig? Indem Du eine bestimmte Aktion (*Deine kleine Tochter hüpft auf dem Sofa*) oder auch Unterlassung (*Deine ältere Tochter verlässt ihr Zimmer nicht mehr*) als möglichst neutralen Sachverhalt beschreibst. In anderen Worten: Du verzichtest auf eine Bewertung und Interpretation und vor allem auf ein Indizienvokabular wie „müssen", „immer", „jeder von Euch" ... Denn in diesen Worten versteckt sich bereits eine Schuldzuweisung. Und auf die soll ja verzichtet werden – selbst in Momenten größter Wut. Denn von einem kannst Du ausgehen: Niemand lässt sich gerne etwas vorwerfen, und kaum jemand geht nach einer Anklage nicht in die aggressive Verteidigungsposition, ob berechtigt oder nicht. Ist es einmal soweit, ist jeder nachfolgenden effizienten Kommunikation der Boden genommen: Der entstandene Konflikt zieht automatisch lebensentfremdende Gesprächstechniken wie Interpretationen, Urteile oder Belehrungen nach sich. Im schlimmsten Falle folgen Vorwürfe und Bestrafungen. Wir haben uns unsere Meinung bereits gebildet und sind daher nicht mehr offen für die Sichtweise des anderen.

Ein Beispiel:

Zurück zu Deinem Sohn: Du hast Dich über ihn geärgert – schon wieder fragt er Dich nach einem Taschengeldvorschuss. Das ist beileibe nicht das erste Mal, und Du weißt nicht einmal, wofür er das Ersparte ausgibt. Das wurmt Dich zusätzlich, und nach Wochen der Diskussion, in denen Du am Ende immer wieder nachgegeben hast, reicht es Dir. Du beschließt, diesmal hart zu bleiben. Und nicht nur das: Du wirst laut: „Jedes Mal (Generalisierung) muss ich mir das anhören (Schuldzuweisung): Dein Taschengeld reicht nicht. Wo denkst Du, lebst Du? Bin ich Bill Gates? Und vor allem: Was machst Du bloß immer damit, verschenken (Unterstellung)? Merke Dir eins: Von nun an werden andere Seiten aufgezogen – es gibt nie wieder etwas mehr zwischendurch (Bestrafung)!"
Es ist ersichtlich: Du hast Dich damit der typischen Wolfssprache bedient und nicht neutral beobachtet, sondern interpretiert.

Versuchen wir es nun mit der Giraffe: Du beschließt zwar auch diesmal, Deinem Sohn nicht einfach wieder Geld vorzustrecken. Doch Du beobachtest die Situation in ihrer Gesamtheit seit ihren Anfängen aus einer abgehobenen Perspektive – als schwebtest Du dank eines langen Halses über den Dingen. Deine Reaktion fällt also diesmal wie folgt aus: „Es ist ja nicht das erste

Mal, dass Du mich um einen Vorschuss für Dein Taschengeld bittest (Beobachtung). Es ist völlig richtig, dass Du mich fragst, wenn Du in Nöten bist (Empathie). Allerdings fällt es mir schwer mir vorzustellen, weshalb der Betrag nie reicht (Selbstempathie). Du weißt ja, dass wir leider auch etwas aufs Geld achten müssen (Ehrlichkeit). Ich helfe Dir wirklich gern, aber bitte verstehe auch meine Gefühle. Wenn Du mir sagst, wofür Du Dein Taschengeld verwendest (Du nimmst seine Bedürfnisse ernst), können wir vielleicht zusammen eine Lösung finden (Du wertest ihn aufgrund seines jungen Alters nicht ab), damit Du künftig mit der ursprünglich vereinbarten Summe auskommst."

Erkenne und benenne Deine Gefühle

Nachdem Du Deine eigenen Gefühle während der Fokussierung auf Dein Kind erfolgreich ausgeblendet hast, wirst Du beim zweiten Schritt des gewaltfreien Kommunikationsansatzes im Gegenteil sogar dazu gedrängt, diese zuzulassen: Durch das bewusste Wahrnehmen und die ehrliche Einschätzung Deiner eigenen Empfindungen übernimmst Du für diese automatisch die Verantwortung. Ist es in der Regel auch einfacher gesagt als getan, Emotionen und Gedanken mit jemandem zu teilen und offen einzugestehen, wage das Experiment und gehe auf Deinen Sohn oder Deine

Tochter zu. Bittest Du vorwurfsfrei um Verständnis für Deine Perspektive, wirst Du überrascht vom Ergebnis sein, denn Du wirst unter Garantie sehr viel mehr Aufmerksamkeit und Zuwendung ernten als mit Anklagen, Drohungen oder einem Rückzug in Dein Inneres. Du stellst also zwar als Sender einer Nachricht Deine eigenen Empfindungen zunächst in den Vordergrund. Doch dies scheint nur auf den ersten Blick selbstsüchtig – vielmehr ebnest Du das Terrain für einen Dialog, von dem Du weißt, dass Du für ihn bereit bist (*Du erinnerst Dich an die Basis der Selbstempathie?!*). Im Grunde genommen blendest Du in genau dem Moment Deine eigenen Befindlichkeiten sogar aus; einzig aus Verantwortung gegenüber Deinen Kindern stellst Du Deine Gefühle zunächst in den Vordergrund. Damit übernimmst Du die Rechenschaft für sämtliche Folgen, die sich aus Eurer kommenden Kommunikation ergeben mögen (*Das hatten wir auch schon: Es ist nicht nötig, dass auch Dein Gegenüber den Ansatz der Gewaltlosen Kommunikation befolgt*).

Bei all dem gilt es, Gefühle nicht mit Gedanken zu verwechseln oder beide Empfindungen zu vermischen. Bist Du Dir immer sicher, um was es sich gerade handelt? Denn mögen wir auch von „fühlen" sprechen, interpretieren wir stattdessen in den allermeisten Fällen schlicht unsere Gedanken. Körperliche Reaktionen wie vor Ärger einen roten Kopf zu bekommen oder vor Freude zu weinen, können wir kaum steuern – sprachlich hingegen ist eine Verflechtung möglich.

Tipp:
Achte hierbei einfach mal auf Deine Satzstellung, sie ist ein hilfreiches Indiz:

1. „Ich bin..." – hier folgt meistens ein Attribut, das Deine Gefühle ausdrückt.

2. „Ich fühle mich ..." – hier verwendest Du zwar sogar den Begriff des „Fühlens", mit fast einhundertprozentiger Wahrscheinlichkeit jedoch folgt ein Gedanke, den Du so in die richtigen Worte zu fassen suchst.

Ein Beispiel:

Erneut geht es zurück zu Deinem Sohn. Diesmal weigert er sich, wunschgemäß ein Fenster für Dich zu öffnen.

Wirfst Du ihm nun eine Missachtung Deiner Wünsche vor, dann magst Du Dich zwar wirklich zurückgesetzt fühlen. Doch im Grunde genommen bist Du in diesem Augenblick davon überzeugt, dass Du nur ein Gefühl äußerst. Mit der Gewaltlosen Kommunikation betrachtet, ist eine Zurücksetzung jedoch kein Gefühl, sondern vielmehr ein Gedanke, den Du verbal ausschmückst. Mögliche Gefühle in dieser Situation wären Frustration und Wut, aber auch Traurigkeit oder sogar Einsamkeit.

Tipp:

Versetze Dich kurz zurück in Deine ersten Lebensjahre. Nun gut, niemand von uns hat an diese erste Zeit wirklich eigene Erinnerungen, und die des Kleinkindalters dürfen inzwischen zum Großteil verblasst sein. Doch eines steht fest, und so war es mit Sicherheit auch bei Dir: Solange die ganz Kleinen nicht mit einem umfangreichen Vokabular sprechen können, können sie ihre Gefühle auch nicht korrekt in Worte fassen (das fällt ja sogar oft noch uns Erwachsenen schwer). Das heißt allerdings nicht, dass sie

Empfindungen wie Hunger, Schmerzen oder Freude nicht bereits kennen würden. Sie können diese Gefühle einfach noch nicht wertend darstellen.

Es ist für niemanden von uns einfach, sich seine Gefühle einzugestehen und noch schwieriger, sie ehrlich zu äußern. Schließlich wurden wir doch in der Regel so erzogen, Emotionen zu unterdrücken („Hab Dich nicht so!", „Behalt das jetzt aber für Dich, Deine Probleme interessieren niemanden") und ihren freien Lauf von vornherein zu umgehen. Mit ein wenig Übung aber wirst Du bald lernen und Dich auch trauen, Deine Emotionen besser zu deuten und sogar anderen mitzuteilen. Nimm Dir dafür die Zeit, die Du brauchst: Wir haben bereits gelernt, dass sich die GFK nicht von heute auf morgen umsetzen lässt. Aber wir wissen auch, dass Du aus der Wolf- immer wieder in die Giraffensprache zurückfinden kannst!

Schließlich kommt Deinen Gefühlen nach dem Ansatz der Gewaltfreien Kommunikation eine weitere wesentliche Bedeutung zu: Sie gelten als Indiz dafür, ob ein Bedürfnis befriedigt wurde. Es ist insofern von höchster Wichtigkeit, dass Du neben Deinem inneren

Seelenleben und Gedanken auch Deine augenblicklichen Bedürfnisse thematisierst und nicht nach einem vermeintlichen Fehlverhalten Deines Gegenübers suchst. Nur so könnt Ihr in einem fairen und harmonischen Gespräch Klarheit schaffen und eine Lösung erarbeiten, gemeinsam Eure jeweiligen Bedürfnisse zu stillen.

Wir nähern uns damit langsam dem Ende des GFK-Modells ... nur zwei Stufen müssen wir noch erklimmen!

Beurteile Deine Bedürfnisse

Nach der Maslowschen Bedürfnishierarchie beeinflusst ein unbefriedigtes Bedürfnis spätere Handlungen. Verweigert sich Dein Nachwuchs Deinen Bitten, bildet möglicherweise die unerfüllte Sehnsucht nach Respekt die Grundlage für aufwallende Gefühle. Nutze diese Erkenntnis und reagiere statt mit Wut mit Einfühlungsvermögen und Ehrlichkeit. Auch Kinder und Heranwachsende sind bereits in der Lage, Verständnis für Deinen inneren Zwiespalt zu zeigen und werden Deine Offenheit schätzen. Natürlich gilt dies auch für alle anderen unerfüllten Wünsche: Die meisten von uns haben unter anderem Bedürfnisse nach

- Sicherheit, Verständnis und Geborgenheit

- Familie, Freundschaft, Zugehörigkeit
- Bewegung, Lachen, Spaß haben
- Essen und Trinken
- Schlaf und Arbeit

All diese und noch viele andere Bedürfnisse sind grundlegende Faktoren im Leben fast aller Menschen. Und was immer wir tun – unsere Handlungen basieren auf einem dieser Bedürfnisse.

Leider ist dies nur die eine Seite der Medaille. Denn selbstverständlich wünschen wir uns auch, dass unsere Bedürfnisse befriedigt werden.

In einigen Fällen bist Du selber in der Lage, dies zu tun:

1. *Du hast Hunger – Du kochst Dir etwas – Du isst – Dein Bedürfnis ist befriedigt.*
2. *Du möchtest etwas lernen – Du kaufst Dir ein Sachbuch – Du liest es durch – Dein Bedürfnis ist befriedigt.*

Unter anderen Umständen bist Du auf die Hilfe und Bereitschaft anderer angewiesen:

1. *Du hast Kopfschmerzen – Dein Sohn sitzt mit Dir im Wohnzimmer, ihm ist kalt – er weigert sich, das Fenster zu öffnen – Dein Bedürfnis*

konnte nicht befriedigt werden.
2. *Du möchtest mit Deiner Tochter auf eine Studienreise fahren – sie ist frisch verliebt – sie möchte nicht mit Dir verreisen – Dein Bedürfnis konnte nicht befriedigt werden.*

Hindert dich eine dritte Person an der Umsetzung Deiner Wünsche, kann dies zu einer Konfliktsituation führen, die eine weitere Kommunikation erschweren bzw. schlimmstenfalls ganz zu verhindern vermag. Oft fehlt bei einer nachfolgenden Diskussion das gegenseitige Verständnis, stattdessen ist sie mit Vorwürfen belastet. Die Gewaltfreie Kommunikation soll Dich dazu anhalten, in diesen Situationen die vorliegenden Bedürfnisse zu ermitteln (*Dein Sohn friert, Du hast Kopfschmerzen*), in Dich selbst hineinzuhorchen (*Warum möchtest Du eigentlich unbedingt einen Urlaub mit Deiner Tochter buchen?*) und die Gefühle des anderen zu verstehen (*Deine. Sohn ist kalt, Deine Tochter ist verliebt*). Nur dann, wenn Du Dir Deiner eigenen und der Bedürfnisse Deiner Kinder bewusst bist und ihnen Deine Empfindungen mitteilst, werdet Ihr eine Lösung finden und die Eskalation eines Streites verhindern können. Denn nicht das Bedürfnis an sich ist das Problem, sondern unsere Bandbreite an gewaltvollen kommunikativen und gestischen Verhaltensweisen, um es zu befriedigen.

Achte daher auf gegenseitiges Verständnis und vermeide eine Manipulation:

1. *Mit Beleidigungen, Tränen oder Wutausbrüchen verfolgst Du eine bewusste Strategie zur Bedürfniserfüllung. Konsequenz: Es entsteht ein Konflikt.*
2. *Mit einer gemeinsamen Herausarbeitung Deiner ehrlichen Gefühle, aber auch der Gefühle Deines Sohnes oder Deiner Tochter konzentriert Ihr Euch auf die Bedürfnisse an sich und könnt so Mittel und Wege für eine konstruktive Lösung erarbeiten.*

„Der Klügere gibt nach" – nutze diese Weisheit als Eselsbrücke und gestehe Deinem Gegenüber Deine Bedürfnisse zuerst ein. Denn sofern nicht einer von Euch das Eis bricht und sein Inneres offenlegt, wird der andere ihm auch nicht entgegenkommen, und die Befriedigung Eurer Bedürfnisse ist unerreichbar.

Stelle keine Forderungen, äußere Bitten!

Wir haben es fast geschafft – wir kommen zum vierten und letzten Punkt der tragenden Säulen der Gewaltfreien Kommunikation im Sinne von Marshall B. Rosenberg: der Bitte. Sie ist die logische Schlussfolgerung aus den vergangenen drei Schritten, die wir soeben kennengelernt haben: der wertfreien Beobachtung, des Eingeständnisses Deines Gefühls und des Aufspürens Deiner Bedürfnisse. Ausschließlich mit dieser gewaltlosen Kommunikationsform wirst Du bei Deinen Kindern die gewünschte Reaktion zur Befriedigung Deines Bedürfnisses hervorrufen, ohne ein Merkmal der Gewaltvollen Kommunikation zu gebrauchen. Formuliere Deinen Wunsch also positiv; stelle keine Forderungen, sondern erkläre Deinem Nachwuchs, was Du von ihm oder ihr erwartest.

Einfach eine Bitte äußern – nichts einfacher als das? Ganz so leicht ist es leider erneut nicht. Zumindest nicht, was die Bitte im Sinne der GFK betrifft. Denn hier handelt es sich nicht um eine einfache freundliche Nachfrage nach einem Gefallen, schnell eingeschoben zwischen Tür und Angel auf dem Weg Deines Sohnes vom gemeinsamen Essen zum Sport: „Ich wäre Dir dankbar, könntest Du nachher noch schnell den Müll runterbringen." Damit Dein Bedürfnis erfüllt wird, musst Du im Vorfeld die Bedeutung klarstellen, die die Erfüllung Deiner Bitte auf Dich haben wird – dass nur dadurch Dein bislang noch unerfülltes Bedürfnis gestillt werden kann. Wenn Deinem Sohn bewusst wird, wie wichtig Dir die Erfüllung Deiner Bitte ist, wird er ihr als

Konsequenz mit höchster Wahrscheinlichkeit bereitwillig und gerne nachkommen und den Abfall entsorgen.

Eine Bitte im Kontext der GFK beruht auf mehreren Aspekten:

- Sie bezieht sich auf eine konkrete Handlung (Müll runterbringen).
- Sie soll zeitnah erfüllt werden (nachher).
- Sie ist erfüllbar (im Hof steht ein Müllcontainer).
- Sie wird in Ich-Form geäußert (Ich wäre Dir dankbar).

Die Bitte in der GFK wird streng von einer Forderung abgegrenzt. Dabei besteht der Unterschied nicht etwa in dem Wort „bitte". Sobald Du von der Erfüllung Deines Appells ausgehst und Deinem Gegenüber keine Wahlfreiheit lässt, handelt es sich selbst mit der wohlbekannten Höflichkeitsformel um eine Forderung. Somit ist entscheidend,

- in welchem Tonfall Du zu Deinem Sohn sprichst
- ob Du die Erfüllung der Bitte erwartest oder auch ein „Nein" einkalkulierst.

Denke an die freundliche Giraffe, die stets das Gute in den anderen sieht. Sie formuliert ihre Bitte als eine Art Einladung gegenüber dritten, aus freien Stücken zu ihrem Wohl beizutragen. Damit beweist sie ihre völlige Offenheit und zugleich die hohe Wertschätzung und das Vertrauen zu ihrem Gesprächspartner. Dieser darf nach den Vorstellungen der Giraffe unter keinen Umständen aus Angst vor einer Strafe ihrem Wunsch nachkommen.

Den Wolf hast Du auch noch vor Augen? Diesem wiederum ist jedes Mittel recht, zu seinem Ziel zu gelangen. Für ihn gibt es nur eine einzige Möglichkeit: dass sein Befehl erfüllt wird. Dabei muss er nicht unbedingt Sanktionen androhen. Schon mit winzigen sprachlichen Feinheiten oder Zusätzen kann sich der Gebetene in eine Ecke gedrängt fühlen oder sein Selbstvertrauen verlieren *("Bringst Du nachher bitte den Müll runter? Oder bist Du etwa wieder einmal zu faul?")*.

Liegt in Deinem Appell schließlich eine direkte Aufforderung oder sogar ein Befehl, erwartest Du eine ganz spezielle Reaktion. Du erlaubst dabei keinen Platz für eine eigene, frei getroffene Entscheidung Deines Kindes – Du weißt also nicht, ob Dein Sohn Angst vor einer Strafe hat und aus diesem Grunde den Müll entsorgt oder ob er Dir einen Gefallen tun möchte.

Ja, Du hast recht: Es ist nicht einfach. Denn auch hier, kurz vor Schluss der vielen Aspekte der Gewaltfreien Kommunikation, gilt einmal mehr, dass Du Dein Inneres offenlegen musst. Mit einer Erklärung, weshalb Dir die Erfüllung Deiner Bitte so wichtig ist, welches Bedürfnis unerfüllt ist und Deine momentanen Gefühle bewirkt, lässt Du Deine Kinder an Deinem Seelenleben teilhaben. Damit machst Du Dich einerseits zwar verletzlich – zeigst jedoch gleichzeitig so viel Vertrauen, dass eine Ablehnung Deines Sohnes, sich um Euren Abfall zu kümmern, mehr als unwahrscheinlich ist.

Du möchtest erwidern, dass Dein Sohn am Ende bislang allerdings auch immer Deiner Aufforderung gefolgt ist? Das ist bestimmt richtig. Doch überlege Dir, weshalb – und ob es nicht schöner ist, er reagiert aus freien Stücken, um Dir eine Freude zu bereiten, weil er selber merkt, dass Müll nicht ewig in einer Wohnung stehen kann ... als dass er schlicht aus Angst vor einer Bestrafung oder zumindest der Entstehung einer gereizten Atmosphäre in Eurer Familie so handelt. Merkt er bereits an Deinem Tonfall, dass Du keinen Widerspruch duldest, wird er sich fügen. Doch je mehr sich Kinder in eine Ecke gedrängt fühlen, desto weniger gerne wollen sie wirklich helfen – da geht es ihnen nicht anders als uns Erwachsenen. Das kannst Du bestimmt auch bestätigen, oder nicht?

***Merke Dir:** Verpasst Du die Chance, freundlich, ehrlich und auf Augenhöhe mit Deinen Kindern zu sprechen, werden Sie sich aller Voraussicht nach mit der Zeit immer mehr vor Dir verschließen, und Du hast die Möglichkeit vertan, zu Ihnen eine Verbindung aufzubauen, auf der auch in der Zukunft konfliktfreie Kommunikationen basieren könnten.*

Mit einer Bitte schlägst Du also zwei Fliegen mit einer Klappe: Dein Kind fühlt sich nicht angegriffen – und Du wirst nicht enttäuscht, sollte es Deinem Verlangen nicht nachkommen.

Vergiss nicht: Es bedarf ausschließlich der Giraffensprache!

GFK: Plus- und Kritikpunkte

„Durch Vernunft, nicht durch Gewalt soll man Menschen zur Wahrheit führen."

Denise Diderot

Zu den Stärken der Gewaltfreien Kommunikation

Es geht uns allen so: Jeden Tag erneut durchleben wir Hochs und Tiefs in unseren Gefühlen und Empfindungen, und es ist nicht selten, dass diese oberflächlich betrachtet durch das Verhalten anderer Personen hervorgerufen werden. Ohne Zuhilfenahme des Ansatzes der GFK reagieren wir auf bestimmte Reize alle ähnlich – mit der Wolfssprache. Zwar mag es hier Unterschiede geben, ob wir unseren Ärger herunterschlucken oder vor lauter Wut ebenso laut werden, ob wir uns aus Mitleid zu Tränen oder Ratschlägen hinreißen lassen oder uns vor Freude ungefragt in die Angelegenheiten dritter einmischen.

Fakt ist: In keinem der Fälle bauen wir tiefen Kontakt zu unseren eigenen Emotionen und Bedürfnissen oder denen unserer Kinder auf. Als Resultat stehen Konflikte auf dem Programm, wie wir sie folgerichtig auch alle kennen: Aus einem Wortgefecht ergibt sich ein Streit, der sich in der Familie ausbereitet – und die Harmonie ist Vergangenheit.

Um dies zu verhindern, hat Rosenberg das Modell der Gewaltfreien Kommunikation entwickelt. Die Grundzüge kennst Du ja inzwischen: Voraussetzung ist einzig und allein eine intensive Auseinandersetzung mit unseren eigenen Gefühlen. Nur dann, wenn wir diese bewusst wahrnehmen und vor allem auch ehrlich betrachten, können wir positive Energie für uns selbst daraus ziehen. Und diese wiederum ist die Voraussetzung dafür, dass wir uns anderen gegenüber öffnen, bei Gesprächen unsere Bedürfnisse in Worte fassen und unser Gegenüber weder durch Lob noch Kritik in eine Ecke drängen.

Und genau hierin liegt die enorme Stärke und Kraft der Gewaltfreien Kommunikation. Wir sind uns häufig gar nicht bewusst, dass wir Menschen manipulieren. Wir meinen es oft gut, wenn wir Ratschläge erteilen oder Mitleid zeigen. Doch oft sind unsere Einmischungen nicht erwünscht, und immer nehmen wir uns dabei heraus, zu wissen, wie sich die andere Person gerade fühlt. Dabei können wir weder Gedanken lesen noch Stimmungen eindeutig zuordnen. Mit Offenheit, Ehrlichkeit und Aufrichtigkeit machen wir uns selbst zwar auch viel verletzbarer – allerdings auch glaubwürdiger. Und so werden wir bei unseren Gesprächspartnern auf offene Ohren stoßen und eben gerade nicht aneinander vorbeireden oder im schlimmsten Fall sogar einen Streit vom Zaun brechen.

Auf das nächste halbe Jahrhundert!

Seit gut 50 Jahren wird die GFK inzwischen als bewährtes Mittel zu friedvoller Kommunikation eingesetzt – Indiz genug für ihren Erfolg. Und auch, wenn noch immer zum Großteil mit der Wolfssprache gesprochen wird: Ihre Anwendung ist auf allen Ebenen möglich: bei internationalen Verhandlungen ebenso wie bei Debatten im Bundestag, bei Unternehmensübernamen und Vertragsverhandlungen zwischen Chef und Angestelltem, unter Freunden und Partnern, aber und vor allem auch zwischen Erwachsenen und Kindern.

Nutzt Du von Beginn an die GFK im Umgang mit Deinem Nachwuchs, werdet Ihr nicht nur garantiert viele Streitigkeiten umgehen, die in anderen Familien zu langwierigen Konflikten führen. Du verdeutlichst Deinem Sohn und Deiner Tochter auch, dass durch Mitgefühl, Verständnis und Empathie eine Grundlage für die Bereitschaft zu kooperativen Verhaltensmustern gelegt wird.

Die Pluspunkte der GFK auf einen Blick

- Du erkennst Dich selbst und entwickelst dadurch innere Ruhe und Kraft

- Deine Selbstliebe ermöglicht Dir, die gleiche Empathie auch anderen gegenüber aufzubringen

- Mit der Inhaltsübermittlung Deiner Bedürfnisse öffnest Du Dich dem anderen derart, dass er Dir automatisch ebenso unverschlossen gegenübersteht

- Euer beidseitiges Verständnis führt zu einer persönlichen, sachlichen Diskussion auf gleicher Ebene: Konflikte werden von vornherein vermieden

Und jetzt noch einmal in aller Ausführlichkeit...

Die GFK stärkt Familienbanden

Schon im jüngsten Alter nehmen Kinder sehr bewusst wahr, wie sich andere Personen ihnen gegenüber verhalten. Anfangs noch unbewusst, reagieren sie auf Tonfall und Gestik und stellen die offensichtliche Art der Kommunikation über deren Inhalt. Auch in späteren Jahren lässt sich dieses Muster beobachten; ob in der Kita oder schon in der Schule. Bedient Ihr Euch zu Hause als Eltern also häufig der Gewaltvollen Kommunikation, versucht Ihr, Eure Kinder durch Befehle zu erziehen, sie in Eurem Sinne zu manipulieren oder dringt Ihr ungefragt, wenn auch mit gutem Vorsatz, in ihre Privatsphäre, werden sie daraus zwei Schlüsse ziehen: Dass es sich lohnt, anderen etwas vorzuschreiben, und dass sie sich Euch gegenüber besser nicht mit persönlichen Belangen anvertrauen.

Hast Du schon einmal drüber nachgedacht, wie sich Dein Sohn fühlt, wenn er einzig aufgrund von Belohnungen oder Bestrafungen nach Deinen Wünschen handelt – selbst, wenn er es einfach wirklich nicht möchte? Durch die Gewaltfreie Kommunikation hingegen lernt er, dass Zuhören, Respekt und Empathie bei Begegnungen mit anderen Personen wahre Wunder bewirken können. Warte ab: Beim nächsten Mal wird er Dir freiwillig geben, was Dein Bedürfnis stillt. Und das Band für eine vertrauensvolle Beziehung zu ihm ist dauerhaft geknüpft.

Ein Beispiel:

Frühstück, Mittag- und Abendessen: In Eurer vierköpfigen Familie füllt sich der Geschirrspülautomat schnell. Ihr habt Eure Teller und das Besteck eingeräumt, die Maschine angestellt – nun ist alles sauber und muss wieder in den entsprechenden Schubläden und Schränken verstaut werden. Ohne die GFK nichts einfacher als das: Du sagst Deinen Kindern einfach, dass sie die Spüle jetzt ausräumen sollen. Willst Du noch eines draufsetzen, drohst Du eine Strafe an für den Fall, dass sie Deiner Forderung nicht nachkommen. Du kannst auch eine Belohnung dafür anbieten, dass sie es tun. Wirst Du mit diesen Taktiken erfolgreich sein? Mit Sicherheit. Möchtest Du, dass Deine Kinder Deinem Wunsch nachkommen, weil sie Angst vor einer Bestrafung haben oder sich auf ihre Schokolade freuen? Eher nicht. Mit der Gewaltlosen Kommunikation öffnest Du Dich gegenüber Deinen Kindern und lässt sie an Deinen Grundbedürfnissen und Gefühlen teilhaben. Du erklärst, weshalb Du sie darum bittest, die Spüle auszuräumen. Einerseits sind die Gründe natürlich ganz praktischer Art: Nur mit einer ausgeräumten Spülmaschine kann auch wieder das genutzte Geschirr des nächsten Familienessens Platz finden. Vor allem aber bittest Du sie in einem transparenten Gespräch darum, Dir Deine Bitte zu erfüllen und damit auch Dein Bedürfnis zu stillen. Du wirst schnell merken, dass Du mit einer derartigen Kommunikation bei vielen auch kleinen Dingen im Alltag großen Erfolg erzielen wirst.

Die GFK lehrt Verantwortlichkeiten

„Seine Meinung zu ändern, erfordert manchmal mehr Mut, als bei seiner Ansicht zu verharren"

Christian Friedrich Hebbel

Nein – wir sind nicht alle feige. Dennoch scheuen wir uns oft, Verantwortung zu übernehmen. Und damit ist nicht nur gemeint, Zivilcourage in bedrohlichen Situationen zu zeigen, sich pflegebedürftigen Senioren anzunehmen oder ein Kind zu adoptieren. Vielmehr scheuen wir die Verantwortung für unser ganz eigenes Handeln im Alltag – und vor allem die Verantwortung gegenüber unseren Gefühlen. Du bist traurig? Auf der

Suche nach dem Grund wird es Dir ohne die GFK viel leichter fallen, einen Schuldigen für Deinen Seelenzustand auszumachen als die Ursache bei Dir selbst zu entschlüsseln. Damit schlägst Du zwei Fliegen mit einer Klappe: Es geht schneller – und Du hast Dir selbst nichts vorzuwerfen. Dabei steht eines fest: Traurig bist Du einzig und allein, weil ein bestimmtes Bedürfnis nicht befriedigt wurde!

Nicht Deine Tochter ist diejenige, die Du für Deine Gefühle verantwortlich machen solltest. Gefällt ihr Deine neue Frisur nicht, auf die Du so stolz bist, hat ihr Urteil Dich vielleicht verletzt. Fakt ist jedoch, dass Du Deine Traurigkeit in dem Moment ablegen wirst, in dem Du die Ursache bei Dir und Deinen Bedürfnissen suchst und hierfür die Verantwortung übernimmst. Das ist im Übrigen kein Grund zu verzagen: Du hast auch dann noch immer eine Wahlmöglichkeit, wie Du mit der Situation umgehst. Und solltest Du nach dem vernichtenden Urteil Deiner Tochter dieser in einem weiteren Gespräch offen und ehrlich eingestehen, wie Du Dich fühlst, wird sie vielleicht nicht plötzlich Deine neue Frisur über den Klee loben. Aber mit Sicherheit auf der Ebene einer Gewaltlosen Kommunikation dennoch zur Wiederherstellung Deines Wohlbefindens beitragen.

Die GFK wählt Gleichheit statt Macht

Hast Du das Bild der Giraffen- und Wolfssprache noch vor Dir? Ein weiterer Aspekt auf der Habenseite der Gewaltfreien Kommunikation: Durch die positive und wertfreie Betrachtung aller anderen, Respekt und Empathie gelingt es mit ihrer Hilfe, in jeder Situation in einem ruhigen Tonfall zu kommunizieren und Vertrauen zum Gegenüber aufzubauen. Friedlicher Austausch versus Machtausübung heißt in anderen Worten, den Paarhufer zu wählen und den Wildhund links liegen zu lassen.

Dein Sohn hat das Kindergartenalter noch nicht erreicht? Kein Grund, ihn nicht ebenso gleichwertig und gebührlich zu behandeln wie einen Erwachsenen. Mag er auch noch nicht alles verstehen oder im Einzelnen nachvollziehen können: Ganz sicher erkennt er, dass Du ihn als Individuum wahrnimmst und achtest und weder durch Lob für seinen so schön gebauten Holzturm, noch durch Befehle zum Schlafengehen in sein Inneres eindringst. Bleibst Du dabei, wird es nicht lange dauern, bis du nicht mehr eindringen musst. Denn er wird sich Dir gegenüber freiwillig öffnen.

Die GFK schult Empathie

Die Gewaltfreie Kommunikation lehrt Dich vieles – unter anderem Empathie. Dabei gilt die Fürsorge für Dich selbst und das ehrliche Betrachten Deines Gemütszustandes in all den vielfältigen Situationen, die der Alltag bereithält, als Basis für die Fähigkeit, Konfliktpotenziale zu erkennen und von vornherein auszuschalten.

Mit der Anwendung der GFK lernst Du, in Dich hineinzuhorchen und Deine innere Ruhe zu finden. Und somit auch anderen gegenüber Empathie zu empfinden.

Ist Dein Teenager-Sohn bockig und verschanzt sich in seinem Zimmer, weigert sich Deine Tochter, zu ihrem Geburtstag den anderen Grundschülern einen Kuchen mitzubringen: für Dich kein Grund zu Wut oder Sorge. Dank der GFK wird es Dir ein Leichtes sein, die wahren Ursachen für das Verhalten Deiner Kinder herauszulesen und in nachfolgenden Gesprächen mit ihnen durch Mitgefühl, Verständnis und Offenheit ein friedliches und vertrauensvolles Miteinander zu schaffen.

Die GFK vermittelt Werte

„Erziehung besteht aus zwei Dingen: Beispiel und Liebe"

Friedrich Fröbel

Früher war alles klar: Eltern und Lehrer hatten die Autorität und die Macht über ihre Kinder und Schüler – und wussten sie gezielt einzusetzen. Bis in die 1960er-Jahre wurde in Deutschland kaum ein Gedanke daran verschwendet, unter 18-Jährige als vollwertige und gleichberechtigte Individuen anzuerkennen und ihnen entsprechend respektvoll zu begegnen. Inzwischen hat sich dieses System zwar überholt – stattdessen jedoch finden sich umso zahlreichere Erziehungsmethoden, die jede für sich Anspruch auf ihre Richtigkeit erhebt.

Mit der Gewaltfreien Kommunikation begleitest Du Deinen Nachwuchs von der Geburt an durch jede Phase seines Lebens. Du stehst an der Seite Deines Sohnes und Deiner Tochter und akzeptierst die Einstellung zum

Leben, die sich mit den Jahren in ihnen herausbildet. Bei der GFK dreht es sich nicht um theoretische Methoden oder eine Universallösung für alle. Vielmehr stehen Aufrichtigkeit und Wertevermittlung im Vordergrund der Erziehung, die im Grunde genommen eben gar keine sein soll. Du leitest Deine Kinder, ohne sie in eine bestimmte Richtung zu drängen, Du reichst ihnen die Hand, wann immer sie sie benötigen. Beziehung statt Erziehung: So vermeidest Du mögliche emotionale Gräben und unerwünschte Reaktionen. Deine Tochter möchte später unbedingt Schauspielerin werden, Dir aber schwebt eine Karriere als Medizinerin für sie vor? Dass Du sie nicht durch Manipulation verunsicherst und nach Deinen Wünschen beeinflusst, sondern ohne jede Wertung von einem „Richtig" oder „Falsch" auf ihrem Weg begleitest: Dies ist unter anderem Sinn und Aufgabe der GFK.

Die GFK fördert gewaltfreie Konfliktlösungen

Du hast einen Fernseher, und ab und zu schaltest Du auch ins Serien-Vorabendprogramm oder vergisst bei einem Spielfilm für einen Moment den Alltag? Dann weißt Du vielleicht, wie oft Kinder und Familien im Mittelpunkt der Drehbücher stehen. Nun gut – landest Du bei „Ich heirate eine Familie", „Vater wider Willen" oder „Enkel für Anfänger", vergisst Du Deinen eigenen Alltag vielleicht doch nicht ganz so schnell. Fakt jedoch ist, dass es den Erwachsenen hierbei in der Regel gelingt, eine klare Verständigung zu ihren Schutzbefohlenen aufzubauen, sie als selbstständige Persönlichkeiten zu schätzen und zu behandeln und Konfliktsituationen ohne den Einsatz von Gewalt zu lösen. Wie machen sie das? Der Regisseur muss ihnen die GFK ins Skript geschrieben haben! Auch sie haben anscheinend gelernt, dass – für Dich ist es inzwischen nichts Neues mehr – Marshall B. Rosenberg unter Gewalt jede Form einer moralisch bedingten Urteilsfällung verstand; ob im Positiven (gut, richtig, qualifiziert) oder negativ behaftet (böse, falsch, unangemessen). Und Gewalt ist im Familien-Vorabendprogramm ja bekanntermaßen nicht erwünscht.

Durch Selbstreflexion förderst Du offene Begegnungen, Deine Kinder erkennen die hohe Bedeutung des Verstehens und Verstanden-Werdens. Durch Sensibilität, genaues Hinhören und einen verletzungsfreien Umgang mit Deinen Kleinen wirst Du nachhaltig Konflikte friedvoll lösen und als Dank ebenso langfristig intensive Beziehungen aufbauen, die auf Wertschätzung und einer Kommunikation auf Augenhöhe basieren.

Grenzen von Bestrafung & Zwang in der Kindererziehung

„Wer nicht hören will, muss fühlen"

Emanuel Geibel

Glücklicherweise gibt es heutzutage nur noch sehr wenige Menschen, die die Aussage dieses Zitates des deutschen Dramatikers Emanuel Geibel aus dem 19. Jahrhundert unterschreiben würden. Denn ob Du es noch aus Erzählungen Deiner Eltern oder Großeltern kennst, aus Büchern erfahren oder eventuell sogar selber noch eine strenge Hand erlebt hast: Die Art und Weise, wie wir unsere Kinder erziehen, hat sich in den letzten Jahrzehnten stark gewandelt. Noch bis ins Jahr 1969 wurde die Prügelstrafe an Schulen in Deutschland als adäquates Mittel zur Erziehung der Jugend angesehen, erst der Hamburger Schulsenator Wilhelm Drexelius von der SPD sorgte für ein landesweites Verbot der körperlichen Züchtigung. Doch nicht nur Hiebe mit dem Rohrstock können Narben hinterlassen: Auch

Wörter können verletzen und die seelische Verfassung bleibenden Schaden nehmen. Und das wusste auch Marshall B. Rosenberg. Ebenfalls in den 1960er-Jahren hat er daher sein Konzept der Gewaltfreien Kommunikation vorgestellt. Dieses war allerdings weder alleine auf die Beziehung zwischen Erwachsenen und Kindern gemünzt, noch das einzige neue Erziehungsmodell, das aufkam. Zahlreiche Bewegungen wurden fast zeitgleich verbreitet, als besonders populär und komplettes Gegenstück zur Prügelstrafe gelten die Modelle der antiautoritären Erziehung. Und selbstverständlich fanden sich noch immer genug Eltern, Pädagogen und Wissenschaftler, die überzeugt davon waren, dass Jugendliche nur durch Strafen und Regeln ihre Grenzen gesetzt und zu mündigen Bürgern in ihrem Sinne herangezogen werden könnten.

Der Ansatz der Gewaltfreien Kommunikation steht beiden Extremen entgegen und setzt stattdessen auf ein ganz eigenes Modell: Jeder Mensch soll sich selbst erkennen, die anderen respektieren und ohne zu urteilen offen und ehrlich auf Augenhöhe begegnen. Und genau diese Augenhöhe gilt auch für das Verhältnis zwischen Erziehungsberechtigten und ihren Schützlingen. Rosenberg sieht allein falsche Sprache und Kommunikation als Ursache für Konflikte – ob auf bilateraler Ebene in Politik und Wirtschaft oder zwischen Dir und Deinen Kindern. Solange Du die

Eckpunkte seiner GFK beherzigst, wird jede Unterredung mit ihnen von Offenheit und Freundlichkeit geprägt sein und ihnen die Angst nehmen, Fehler zu begehen und die Konsequenzen dafür tragen zu müssen. Denn dies ist selbst in heutigen Zeiten noch immer eine gängige Methode vieler Eltern: zu bestrafen, sollten ihre Kinder nicht wie von ihnen verlangt handeln.

Strafen starten einen Teufelskreis

„Strafe muss sein" – weshalb sind so viele Eltern noch immer davon überzeugt? Warum bestrafen sie ihre Kinder? Welche Resultate erhoffen sie sich davon? Und was bewirken Strafen wirklich?

Das Erzwingen einer unangenehmen Handlung oder Unterlassung als Maßnahme zur Vergeltung und Sühne eines begangenen Unrechts oder einer unüberlegten Tat: Zunächst dies als eine Zusammenfassung der rein sprachlichen und ein wenig trockenen Definition der Strafe aus dem Duden. Anders formuliert und auf die Eltern-Kinder-Ebene bezogen: Die Kleinen sollen durch eine Bestrafung auf ein Unrechtsverhalten aufmerksam gemacht werden und eine derartige Verhaltensweise in Zukunft nicht mehr an den Tag legen.
Du hast erkannt, welche zwei Fehler in diesem Satz

stecken? Richtig: das Unrechtsverhalten ist nur augenscheinlich eines – unabhängig von der Sachlage, behält sich hier nach den Grundsätzen der GFK die strafende Person das Recht vor, das Verhalten des Kindes zu interpretieren. Darüber hinaus kennen wir es aus genug Staaten mit besonders harten Strafrechtsparagrafen: Als Abschreckung haben Vergeltungsmaßnahmen noch nie große Wirkung gezeigt. Und solltest Du ein Kind wie die meisten anderen gewesen sein, weißt Du auch, dass oftmals genau das Gegenteil bewirkt wird. Dein Nachwuchs wird sich in sich zurückziehen und mit einem insgeheimen „Jetzt erst recht!" ins Bett gehen.

Nun gut: Kurzfristig zeigen Bestrafungen zumeist Wirkung – was bleibt Kindern auch anderes übrig? Sie sind nicht nur abhängig von ihren Eltern, sie möchten auch nichts sehnlicher als von ihnen anerkannt und geliebt zu werden. Die Ursache des Verhaltens wird davon jedoch nicht berührt. Im schlimmsten Falle wiederholen die Kleinen die „Tat", weil sie so die Aufmerksamkeit ihrer Eltern erhalten. Diese können mit fortschreitender Dauer immer weniger damit umgehen; in Hilflosigkeit mischt sich Ärger, eine Überforderung stellt sich ein und kann zu verbaler oder physischer Gewalt eskalieren. Das Kind wiederum bekommt Angst, fühlt sich gedemütigt und beträgt sich im schlimmsten Falle erneut derart, dass eine weitere Bestrafung folgt.

Nicht nur durchbrechen will die Gewaltfreie Kommunikation diesen Teufelskreis, sondern von Beginn an seine Entstehung verhindern.

***Merke Dir Folgendes:** Du bist für Deine Kinder die Bezugsperson, die ihnen Schutz und Sicherheit bietet. Sie möchten alles richtig machen, um Dich nicht zu enttäuschen. Bestrafst Du sie, enttäuschst Du jedoch ihr Vertrauen. Daraus werden Dein Sohn und Deine Tochter zweierlei Konsequenzen ziehen: Sie ziehen sich trotz ihres Bedürfnisses nach Anerkennung und Liebe vor Dir zurück. Und sie lernen, dass der Stärkere sich augenscheinlich immer durchsetzt.*

Warnungen oder Abschreckungen sind häufig die Reaktion von Eltern auf eine Situation, die sie nicht anders zu lösen wissen als dadurch, ihren Ärger an die Jugendlichen zu übertragen. Wenn sie selber Wut empfinden, soll ihr Kind ebenso leiden! Doch dadurch ist niemandem geholfen: Den Eltern geht es danach nicht besser, die Kinder werden in ihrer Entwicklung zu selbstbewussten Persönlichkeiten gehemmt.

Mit Einfühlungsvermögen Vertrauen schaffen

Strafen sind tabu in der Gewaltfreien Kommunikation. Stattdessen gilt es, dem Nachwuchs Vorbild zu sein und positive Beispiele zu setzen. Und dabei geht es nicht nur um das Wohl und die Entwicklung Deiner Kinder. Auch Du wirst davon profitieren, begegnest Du Deinen Kleinen empathisch und auf Augenhöhe.

Ein Beispiel:

Du kommst nach einem langen und besonders anstrengenden Arbeitstag nach Hause und siehst Deine Kinder auf dem Sofa vor dem laufenden Fernseher lümmeln und Chips essen – während sich in der Küche noch die Teller vom morgendlichen Frühstück stapeln, die Blumenbeete unter der Hitze vertrocknen und Euer Hund schon winselt, weil er dringend einmal Gassi gehen muss. Du kannst Dich jetzt der Wolfssprache bedienen – laut werden, Deinem Sohn den Abwasch auftragen, Deiner kleinen Tochter den Garten und der älteren den

Spaziergang mit Eurem Vierbeiner. Ergänzend kannst Du in Deiner Wut noch Kommentare wie „Es ist immer das gleiche mit Euch!", „Faul bis zum geht nicht mehr" oder „Manchmal frag ich mich, warum ich überhaupt Kinder bekommen habe" hinzufügen. Das Ergebnis: Bestenfalls wirst Du oberflächlich betrachtet gewonnen haben: Wenn alle drei aufspringen und Deinen Anweisungen folgen. Dies mag Dir für einen kurzen Moment Genugtuung verschaffen. Eine weitere Möglichkeit: Deine kleine Tochter hält sich an Deine Forderung, die anderen beiden bleiben sitzen – sei es, um nur noch schnell die Serie zu Ende zu schauen oder in der Absicht, Dir auch später nicht hilfreich unter die Arme zu greifen. Damit hast Du dreierlei bewirkt: Deine kleine Tochter hat Angst vor einer Bestrafung, Deine älteren Kinder ziehen sich in sich zurück – und Dein Bedürfnis bleibt zum Teil unerfüllt.

Hältst Du Dich stattdessen wieder an das Bild der Giraffe, wirst Du nach Betreten des Wohnzimmers zunächst die Situation einschätzen und in Ruhe Deine Tasche abstellen. Du fühlst in Dich hinein und wirst Dir bewusst über Deine ehrlichen Bedürfnisse: Du möchtest eigentlich gar nicht Deine Kinder bestrafen. Doch Du wünschst Dir einfach mehr Unterstützung fühlst Dich von ihnen im Stich gelassen. Trittst Du nun zu ihnen an das Sofa, nimmst Blickkontakt auf und teilst ihnen in ruhiger Tonlage genau diesen inneren Zwiespalt mit, wirst Du nicht nur ihre wahrhaftige Aufmerksamkeit gewinnen, sondern mit größtmöglicher Wahrscheinlichkeit auch bewirken, dass jeder der drei eine der Aufgaben erfüllen und Dein Bedürfnis so befriedigen wird – und zwar sofort und gerne.

Und wenn auch noch nicht gleich beim nächsten Mal: Irgendwann wirst Du den Raum betreten und Dein Blick fällt auf drei Kinder mit einer Chipstüte vor dem Fernseher – sowie einer aufgeräumten Küche, einem gewässerten Blumenbeet und einem schwanzwedelnden glücklichen Fellknäuel.

Kinder lernen von Vorbildern. Und eines der Hauptvorbilder bist Du als Mutter oder Vater. Die Kleinen verinnerlichen, wie Du in bestimmten Situationen reagierst und werden sich später höchstwahrscheinlich ebenfalls in diese Richtung entwickeln. Wirst Du also laut und ungerecht, sobald Du gestresst bist oder Dir das Verhalten Deines Sohnes oder Deiner Tochter missfällt, werden sie ihr Benehmen daran orientieren.

Auf dieser Erkenntnis baute Rosenberg seine Gewaltfreie Kommunikationsmethode auf: Im Umkehrschluss führt also ein empathisches, respektvolles Verhalten bei Kindern dazu, dass auch diese von klein auf Verantwortungsbewusstsein entwickeln.

Das heißt nicht, dass Du Deinem Kind gar keine Grenzen aufzeigen sollst. Vielmehr geht es darum, gemeinsam einen Ausweg zu finden und den Kleinen genug Selbstvertrauen in die Wahrnehmung der eigenen und der Gefühle Fremder zu vermitteln, dass aus ihnen eigenständige Erwachsene werden, die dem Prinzip der GFK möglichst folgen.

Es ist nicht Deine Aufgabe als Mutter oder Vater, jedes Verhalten Deiner Kinder gutzuheißen. Lass sie ruhig wissen, dass Du verärgert bist – doch betrachte den Begriff „ruhig" hier auch im wörtlichen Sinne. Hältst Du Deine Kleinen von jeglichen Auseinandersetzungen fern, werden sie sich im Alltag unserer Ellenbogengesellschaft später nur schwer zurechtfinden. Gibst Du ihnen mit der GFK aber eine Leitlinie mit an die Hand, wie Konflikte auf recht einfache Art und Weise zu entschärfen sind, hast Du etwas Wertvolles nicht nur für Eure Familie, sondern auch für die Gesellschaft geleistet!

Grenzen aufzeigen – mit Augenmaß

Ohne Regeln und Grenzen geht es nicht – dies betrifft nicht nur Kinder. In einer funktionstüchtigen Gesellschaft ist es von essenzieller Bedeutung, im Umgang untereinander bestimmten Vorschriften zu folgen –

seien sie gesetzlich festgelegt oder einfach eine logische und ungeschriebene Konsequenz für ein möglichst reibungsloses Miteinander. Dabei hat wahrscheinlich jeder von uns diese Grenzen schon einmal überschritten: nur ganz kurz im Halteverbot geparkt, sich an der Kasse noch schnell am Vordermann vorbeigedrängelt oder im Kino so laut mit dem Popcorn geraschelt, dass die Schauspieler auf der Leinwand nicht mehr zu verstehen waren. Alles nicht dramatisch – dennoch Anzeichen dafür, die eigenen Bedürfnisse in diesen Momenten in den Vordergrund zu stellen und die Auswirkungen auf dritte nicht zu würdigen.

Kinder testen ihre Grenzen automatisch aus – sie wollen sehen, wie weit sie gehen können, und fraglos sollten sie auf Unhöflichkeiten oder Tabubrüche hingewiesen werden. Doch sie lernen nicht durch Machtausübung und Bestrafung! Bilde für Deine Kleinen Strukturen, an denen sie sich im Alltag orientieren können. Du wirst sehen, dass sie sogar stolz darauf sein werden, bestimmte Vorgaben eingehalten zu haben!

Vermittle Deine Regeln verständlich, durch Wertschätzung und Offenheit.

1. *Grenzen ziehen und Regeln vorgeben: unbedingt*

2. *Eine Einhaltung dieser Grenzen durch Befehle oder Bestrafung zu fordern: auf keinen Fall*

Und vergiss auch nicht, dass Du Dein Kind gemäß der gewaltfreien Kommunikation nicht sofort bei allem loben oder belohnen musst, was es „richtig" macht: Auch dies ist ein Eingriff in seine Persönlichkeit. Es wird ihm zudem wenig weiterhelfen, stets ein Stück Schokolade zu erhalten, sobald es sein Zimmer aufräumt oder ein Bild malt. Dabei lernt es nicht die eigentliche Bedeutung eines aufgeräumten Zimmers in einer Wohngemeinschaft oder die Freude über ein ehrliches Kompliment, sondern nur, dass das Befolgen von Vorgaben oder eine beliebige Freizeitbeschäftigung Schokolade nach sich ziehen.

Sollen Kinder müssen?

Die Thematik von "Muss" und "Soll" in der Kindererziehung ist ein weites Feld. Zunächst solltest Du Dich fragen, welche Werte Du Deinem Nachwuchs vermitteln möchtest und auf welche Art. Überlege Dir auch bereits im Vorfeld, welche Hürden eventuell auf Euch zukommen.

Versuche, die Anzahl der Regeln auf das erforderliche Minimum zu begrenzen und nutze keine komplizierten Erklärungen, wieso, weshalb und warum Du etwas einforderst. Schnell sind die Kleinen überfordert und verwirrt und wissen dann nicht mehr, wie genau sie sich verhalten sollen. Wähle einfache Sätze, nutze die Ich-Form und vor allem: Befolge immer den Ansatz der GFK und sprich mit ihnen auf Augenhöhe und Empathie. Lass sie wissen, aus welchem Bedürfnis sich bestimmte Regeln ergeben und formuliere positiv. Schon Dein Baby erkennt Deine Emotionen an Deiner Stimmlage und nimmt dadurch war, ob es in unbeabsichtigter Weise eine Grenze überschritten hat – und sei es nur, weil Du gereizt auf ein Schreien reagierst. Wichtig ist immer, wie Du Dinge formulierst oder körperlich ausdrückst. Am Ende wird sich zu einem großen Teil daraus ergeben, ob und wie die Kleinen Regeln umsetzen.

Im Gegensatz zu selbst aufgestellten Regeln innerhalb Eurer Familie – zwischendurch wird nicht einfach so teures Spielzeug gekauft – gibt es Eingrenzungen, auf die Ihr keinen Einfluss habt: Ist das Geld dafür nicht vorhanden, kannst Du Eurem Kind die neue Spielekonsole beim besten Willen nicht schenken. In beiden Fällen wird Euer Nachwuchs in einem friedvollen, erklärenden Gespräch die Gründe für das Verbot bzw. die Unmöglichkeit nachvollziehen können.

Achtung: Verzichte immer auf willkürlich gesetzte Grenzen und stelle sicher, dass sich Deine Regeln nicht gegenseitig konterkarieren.

Es gibt keine Blaupause für eine Kindererziehung. Doch ein „Muss" führt häufig zu Unverständnis und Frustration; ein einfühlsames „Soll" zieht oft weitaus größere Erfolge nach sich. Das gilt auch dann, verhält sich Dein Kind einmal aggressiv. Vor allem aber: Hör es an und zeige Empathie, bevor Du für die Zukunft Grenzen setzt!

Ein Beispiel:

Dein Sohn hat in der Kita einen anderen Jungen geschubst. Du erfährst es erst beim Abholen und nur durch die Erzieherin. Die Mutter des betroffenen Kindergartenfreundes steht mit ihm an der Hand neben Dir und Deinem Kleinen und beschwert sich über den Vorfall, bei dem allerdings auch sie nicht anwesend war. Lass Dich davon nicht dazu verleiten, Deinem Kind Vorwürfe zu machen („Was ist bloß in Dich gefahren?"), Strafen anzudrohen („Wenn wir zu Hause sind, kannst Du was erleben!") und Grenzen mit einem „Muss" zu bestimmen („Du darfst nie einen anderen Jungen schubsen, egal, was er tut!"). Immerhin wissen nur die beiden Kinder, was wirklich passiert ist. Vielleicht hat es im Vorfeld eine Situation gegeben, die das Handeln Deines Jungen erklärt? Wollte er jemanden schützen? Hat der andere etwas Gemeines gesagt? Sprich in diesem Fall zuerst mit Deinem Sohn, frage ihn ohne Vorwürfe, weshalb er sich so verhalten hat, wie er sich fühlt und erkläre in ruhigen Worten, dass Schubsen in der Regel kein Ausweg ist, Konflikte zu lösen – und dass er darauf in Zukunft möglichst verzichten „sollte".

Mentale Folgen von Bestrafung

Physische Gewalt lässt sich recht einfach definieren: Dem Kind werden durch Handlungen oder auch Unterlassungen körperliche Schmerzen zugefügt. Dazu zählt neben Schlägen oder einem zeitweisen Entzug von Nahrungsmitteln auch bereits der kleine Klaps hinter die Ohren. Als viel schwieriger zu fassen, allerdings nicht minder dramatisch können sich die Folgen psychischer Gewalt bei Kindern erweisen:

- Einschüchterung
- Ausgrenzung
- Verspottung

- Missachtung
- Unterdrückung
- Angst

Und genau diese letztgenannte Angst ist eine häufige Folge nach einer Bestrafung durch die Eltern. Dein Kind steht Dir schutzlos gegenüber – nichts ist einfacher, als sein Selbstwertgefühl durch Respektlosigkeit zu erschüttern. Im Gegensatz zu körperlicher Gewalt sind die Narben seelischer Belastungen nicht erkennbar, können jedoch ebenfalls ein Leben lang verbleiben.

→ *Die körperlichen und seelischen Folgen für Dein Kind äußern sich in einem Verlust von Selbstbewusstsein und Empathie.*

Vielleicht hast Du noch heute vor Augen, wie Deine Mutter als Strafe für eine freche Bemerkung eine Woche lang Dein Lieblingskuscheltier in den Schrank gesperrt hat? Weißt Du dies noch nach all den Jahren, kannst Du davon ausgehen, dass auch Kinder, die heutzutage mit der Wolfssprache aufgezogen werden und täglich emotionale Verletzungen spüren, diese nie vergessen. Durch Bestrafungen verfallen viele Jugendliche in einen dauerhaften Angstzustand und reagieren mit Rückzug oder Aggression. In beiden Fällen wird die Sicherheit zerstört, von den Eltern geliebt und geachtet zu werden, das Selbstbewusstsein erleidet einen möglicherweise irreversiblen Dämpfer. Noch schlimmer, wollen die Eltern ihren Kindern die Verantwortung zuschieben, bestraft worden zu sein: „Das ist Deine gerechte Strafe!", „Es ist nur zu Deinem Besten". Im Laufe der Zeit legen sich die Kinder einen Panzer zu, um die mentalen Auswirkungen der Demütigung oder auch körperlichen Gewalt so gering wie möglich zu halten.

In der Gewaltfreien Kommunikation stehen genau dieses Vertrauen, Verständnis und Einfühlungsvermögen im Vordergrund. Du wünschst Dir hier nichts mehr, als dass Dein Sohn und Deine Tochter zu gefühlvollen, selbstbewussten Erwachsenen heranreifen. Strafen sind tabu – die Giraffe würde die Macht ihres langen Halses und ihrer großen Übersicht selbst gegenüber Abhängigen nie missbrauchen. Würde, Respekt, ein Vorbild für andere zu sein: Das entspricht dem großen Herzen des Paarhufers, und auf dieser Grundlage baut die GFK auf. Und zwar vom ersten Augenblick. Denn schon bevor Kinder krabbeln oder sprechen können, können ihnen mentale Schäden zugefügt werden.

- Sei ein Vorbild
- Versetze Dich in Dein Kind hinein
- Verstehe, was in ihm vorgeht
- Reagiere mitfühlend und respektvoll

- Finde gemeinsame Lösungen, statt einseitig zu bestrafen

→ Die körperlichen und seelischen Folgen für Dein Kind äußern sich in Selbstbewusstsein und Empathie.

Merke Dir: Gefühle zeigen ist keine Schwäche! Bestrafung hingegen schon.

Kritikpunkte: Emotionen, Sprache und Umsetzung

„Worte, leer wie der Wind, bleiben besser ungesagt"

Homer

Seit fast einem halben Jahrhundert als bewährte Methode auf vielfältigsten Ebenen, unter verschiedensten Paarungen und in unterschiedlichsten Kulturen der Welt eingesetzt, sieht sich das Konzept der Gewaltfreien Kommunikation dennoch kritischen Stimmen gegenüber. Eine andere Ansicht zu vertreten, ist ja auch nach Rosenberg nicht verwerflich. Wichtig ist, wie Du damit umgehst. Lass uns einen Blick auf die Thesen der Skeptiker werfen. Mal sehen, ob sie Dich überzeugen können!

Können Gefühle Konflikte lösen?

Es ist für Dich nun wahrlich nichts Neues mehr: Der gesamte Ansatz der Gewaltfreien Kommunikation basiert auf den vier Säulen Beobachtung, Gefühl, Bedürfnis und Bitte. Und bereits hier setzen die ersten Kritiker an. Sie bezweifeln, dass sich Konflikte allein aufgrund wahrer Gefühle und Bedürfnisse lösen lassen. Es fällt ihnen schwer, verantwortungslosem Verhalten, Faulheit oder Rücksichtslosigkeit mit Verständnis zu begegnen – eine Voraussetzung der positiven Giraffensprache. Sie sind weder davon überzeugt, dass alle Menschen grundsätzlich gerne helfen, solange sie nur freundlich darum gebeten werden – noch der Auffassung, fordernde und schädigende Handlungen seien keine Charaktereigenschaften, sondern versehentliche Impulse oder irregeleitete Demonstrationen unbefriedigter Bedürfnisse.

Und was denkst Du darüber? Meinst Du, Du schaffst es allein durch Einfühlungsvermögen, jede Handlung Deines Kindes wirklich nachzuvollziehen?

Es kann nicht nur eine geben

Du bist noch unschlüssig? Gehen wir also davon aus, dass die Befürworter der GFK sich nicht irren und wahre Gefühle und Bedürfnisse zur Konfliktlösung eingesetzt werden können. Doch gibt es nicht unzählige Ausprägungen dieser Emotionen? Interpretiert nicht jeder einzelne von uns die Wertebene der Gewaltfreien Kommunikation nach seiner ganz eigenen Anschauung? Eine absolute Wahrheit kann es somit in den Augen der Zweifler nicht geben. Vielmehr werden nach ihrer Auffassung alle Beurteilungen individuell unterschiedlich gedeutet – abhängig von kulturellen Einflüssen und den eigenen Lebenserfahrungen.

Du bist wieder dran! Kann man Deiner Ansicht nach die Wertebene der GFK zu einer bindenden Grundlage erklären? Glaubst Du, dass Deine Kinder und Du Euch über die Art und Weise von Empathie und Bedürfnissen einig seid?

Schützende vs. strafende Macht

Für Rosenberg ist eine Gewaltfreiheit gleichbedeutend mit einer Anerkennung aller Sichtweisen – einschließlich negativer Empfindungen und Standpunkte. Diese Annahme ruft die Kritiker zum dritten Mal auf den Plan: Gegenüber Intoleranz und Rohheit solle niemand Toleranz und Verständnis zeigen. Weder sei es möglich, alle Positionen stets als gleichwertig zu betrachten noch zweckdienlich, niemanden durch seine Handlungen oder Äußerungen zu verletzen.

Die GFK wiederum sieht in ihrer Akzeptanz den Part einer „schützende Macht". Durch sie sollen in verbalen Konfliktsituationen individuelle Interessen gezielt besprochen und Unstimmigkeiten gewinnbringend gelöst werden. Im Gegensatz zu einer bestrafenden Macht sei die schützende Macht nicht als autoritäre Verhaltensform anzusehen, sondern als Versuch, einen Streitfall beizulegen, ohne Druck auszuüben oder Schäden zu verursachen.

- *Strafende Macht: Ansichten und Gefühle des Gegenübers sollen unter allen Umständen manipuliert werden*

- *Schützende Macht: Ansichten und Gefühle des Gegenübers sollen mit dessen Einverständnis zum Guten verändert werden*

Empathie kann schaden

Du versetzt Dich in die Lage Deiner Tochter und schon weißt Du, was sie denkt oder fühlt. Fantastisch! Leider nicht ganz so einfach. Denn das Problem: Du kannst es nicht. Sicher – fast niemand sonst kennt sie so gut wie Du, die Indizien lassen nur einen Schluss zu … doch die einzige, die eben wirklich weiß, weshalb sie plötzlich nicht mehr mit auf das Familienfest möchte, ist Deine

Tochter selbst. Kannst Du den Unterschied zwischen Lustlosigkeit, Traurigkeit oder anderen möglichen Ursachen wirklich erkennen?

All Deine Vermutungen werden Vermutungen bleiben, bis sie sich Dir öffnet. Versuchst Du zuvor, sie aufzuheitern oder Mitleid zu zeigen, missachtest Du die Giraffensprache.

Zwar sei empathisches Zuhören ein essenzieller Teil der Gewaltfreien Kommunikation, doch nach Ansicht der Kritiker nicht Deine Aufgabe herauszufinden, was Deine Tochter gerade benötigt. Spricht sie nicht für sich selber, solltest Du sie in Ruhe lassen. Im Laufe der Zeit, je geschulter Du wahrnimmst und je seltener Du urteilst, magst Du die Fähigkeit entwickeln, sie immer besser einzuschätzen.

Doch in jeder Situation empathisch zu sein, könne nach Ansicht der Kritiker in Gesprächen auch schnell zu Irritationen führen, insbesondere dann, wenn Du die einzige bist, die die Regeln der GFK beachtet.

Überlege auch hier: Trägst Du womöglich sogar zur Unterdrückung der wahren Emotionen Deiner Tochter bei, wenn Du von ihr eine wertungsfreie Kommunikation forderst.

> *Tipp:*
> *Je häufiger Du in Dich hineinhorchst und den Regeln der Gewaltfreien Kommunikation folgst, desto eher wirst Du ein Gespür für Deine Gefühle und Bedürfnisse bekommen und desto besser wird es Dir gelingen, eine Atmosphäre der Sicherheit zu schaffen. Legst Du zunächst im Sinne der GFK Deine eigenen Gedanken und Bedürfnisse offen, bietest Du Deinen Kindern die Möglichkeit, Dir im Umkehrschluss ihre Gefühle freiwillig mitzuteilen.*

Ist Gewinnsucht verwerflich?

Du bist Sportlerin? Warst Klassenbeste? Oder möchtest unbedingt einmal in einer Quizshow mit Deinem Wissen den Jackpot knacken? Daran scheint auf den ersten Blick wahrlich nichts Verwerfliches. Und so argumentieren die Zweifler weiter: Wettbewerb und Dominanz ist für sie nicht verboten. Ist es nicht sogar von Vorteil, wenn ein Konkurrenzkampf in der Familie zu mehr Leistung führt? Und ist dabei die Wolfssprache nicht die richtige Form der Kommunikation? Denn um sich durchzusetzen, seien absolutes Vertrauen und Offenheit kaum der richtige Weg. Mit der Gewaltfreien Kommunikation würdest Du in diesem Fall an der Befriedigung Deines Bedürfnisses gehindert, da sich dieses Bedürfnis im Rahmen eines friedvollen Gespräches gar nicht auflösen kann.

Hast Du es bereits ausprobiert? Musstest Du zu Dir selber bei der Betrachtung Deiner eigenen Bedürfnisse schon in der Wolfssprache sprechen?

Keine Einteilung in Gut und Böse

Apropos Wolf: Die hilfreiche und bildliche Sprache der beiden so unterschiedlichen Wildtiere halten viele Kritiker ebenfalls für problematisch. Rufen wir es und noch einmal kurz ins Gedächtnis:

1. *Giraffe: Offen und aufrichtig, teilt ihr Innerstes mit. Macht sich verletzlich*
2. *Wolf: Schuldzuweisend, vorwurfsvoll und fordernd. Hält sich für allwissend*

<u>Resultat:</u> Die Giraffe macht alles richtig, der Wolf nur Fehler? Diese Kategorisierung in Schwarz und Weiß, Gut und Böse fällt bei vielen Kritikern nicht auf

fruchtbaren Grund. Haben wir Angst davor, zu unseren negativen Gefühlen wie Wut oder Ärger zu stehen und sind wir gezwungen, sie zu unterdrücken, werde auch das Konzept der GFK nicht zu einer aufrichtigen Kommunikation beitragen können.

Sprachliche Vielfalt wird beschnitten

Die Methode der Gewaltfreien Kommunikation enthält auch dazu Vorgaben, wie wir bestenfalls sprachlich miteinander kommunizieren sollten. Doch immer unserer eigenen Sprache zu folgen und dabei stets das Bild der Giraffe zu erfüllen, sei unmöglich. Versuchen wir es, könnten dadurch nach Auffassung der Kritiker Missverständnisse entstehen, obwohl diese ja gerade durch die Giraffensprache vermieden werden sollen. Selbst der erfahrenste Gewaltlose Kommunikationstechniker würde so in die Situation geraten, an seinem Gesprächspartner vorbeizureden.

Bist Du in der Lage, Deine Gefühle und Bedürfnisse in Worte zu fassen und dabei formale Vorgaben einzuhalten? Oder denkst Du auch, dass uns die Verwendung „falscher" Begriffe erlaubt sein muss, wollen wir uns offen mitteilen und wirklich verstanden werden?

Aus der Theorie in die Praxis

Und die Umsetzung des Ganzen? Zieht weitere erhebliche Kritikpunkte auf den Plan.
Zunächst: Stets abzuwägen, sich zu beobachten, Gefühle und Bedürfnisse zu benennen und daraus eine Bitte zu formen, beraube jeden der Möglichkeit spontaner Gefühlsausbrüche.
Und viel wichtiger: Es erfordere nicht nur ein hohes Maß an Übung – sondern vor allem an Mut:

Die Courage, die eigenen Motive und Interpretationen für alle nachvollziehbar darzulegen, mache automatisch angreifbar.

Genau unterscheiden zu können, welche Äußerungen sich als Beobachtungen und welche als Urteile herausstellen, falle zudem gerade zu Beginn unglaublich schwer. Die Gesprächspartner liefen Gefahr, sich untereinander zu verzetteln, sich ihre Interpretationen so lange gegenseitig zu beschreiben, dass eine schnelle Lösung kaum gefunden werden könne. Nach der Theorie der GFK können Erklärungsprozesse erst nach Anhörung aller Beteiligten zu einem Abschluss kommen.
Du hast fünf Kinder, und Dein Mann und Du möchten mit ihnen über den kommenden Sommerurlaub sprechen – aus Erfahrung ohnehin ein so gut wie ausweglo-

ses Unterfangen, alle Wünsche unter einen Hut zu bringen? Mit der GFK verbringt Ihr nach Auffassung der Skeptiker höchstwahrscheinlich mehr Zeit bei der Planung als im Hotel.

Gegenrede …! Denn hier kommt jetzt der Ansatz der GFK ins Spiel, nach dem nicht die Lösung eines Konflikts im Vordergrund steht, sondern der Prozess: Durch die offene Giraffensprache dienten Diskussionen in jedem Falle einer engeren Beziehung. Vor der Bedürfniserfüllung stehe die Notwendigkeit, diese zunächst wahrzunehmen und anzuhören.

Missbrauchsgefahr und Rückschläge

Achtung: Wer die Gewaltfreie Kommunikation beherrscht, kann sie auch wunderbar zur Manipulation anderer Menschen einsetzen. Denn nicht alle Anwender möchten automatisch eine Transformation im Guten herbeiführen. Die beste Technik ist nur so gut wie ihr Nutzer!

Und auch, wenn wir alles geben: Nicht selten übernimmt unser Unterbewusstsein die Kontrolle über unser Denken, Handeln und Fühlen, so sehr wir uns bemühen, einem bestimmten Verhaltensmuster zu folgen.

Es ist ja auch wahrlich nicht einfach: Du bist nun einmal der Elternteil. Und manchmal möchtest Du sicher einfach, dass Deine Kinder machen, was Du ihnen sagst – ohne lange darüber nachzudenken, weshalb Du sie darum bittest oder wie sie sich dabei fühlen könnten. Und auch, wenn Du nichts sagst: Körpersprache verrät Deinen Kindern mehr über Dich, als Du ahnen magst.

Und, bleibst Du dabei und entscheidest Dich für eine Gewaltlose Kommunikation in Eurer Familie? Wenn Dir spätestens jetzt der Kopf schwirrt, kann Dir das niemand vorwerfen. Vielleicht hilft Dir ja die folgende Zusammenfassung – und wenn das immer noch nichts ist, dann schau auf unsere Alltagsbeispiele. Spätestens dann wirst Du bestimmt erkennen, weshalb die Gewaltfreie Kommunikation auch noch nach 50 Jahren ein so erfolgreiches Erziehungsmodell ist!

Die GFK macht einen Unterschied

„Zuerst erlene die Bedeutung dessen, was du sagst, rede später"

Epictetus

Fragst Du Dich immer noch, ob Du den Versuch wagen und die Methode der Gewaltfreien Kommunikation bei der Erziehung Deiner Kinder und auch sonst in Deinem Alltag anwenden solltest? Ist nicht eigentlich alles soweit in Ordnung bei Euch: Mal wird gestritten, mal Türen geschmissen, und mal ist die Stimmung schlecht, doch alles in allem versteht Ihr Euch schon gut, und schließlich gibt es in jeder Familie Aufs und Abs? Verabschiede Dich von der Vorstellung, dass aufgrund des Begriffes „Gewaltfrei" die GFK nur denen weiterhilft, die sich bislang geschlagen oder verbal tief verletzt haben. Vom Konzept des US-amerikanischen Psychologen können wir alle lernen – und es wird nie vorbei sein. Denn Missverständnisse ergeben sich immer wieder in unserer alltäglichen Kommunikation, und sogar Rosenberg selbst hat bis ins hohe Alter an einer klaren und verständlichen Ausdrucksweise seiner Bedürfnisse gefeilt.

Dann hast Du jetzt erst recht keine Lust mehr darauf, Dich in die Methodik einzuarbeiten – wenn sogar der Begründer immer wieder in sich hineinhorchen musste? Ja: Einen Automatismus wird es für das Erkennen Deiner Gefühle und Bedürfnisse und der Courage, diese anderen ungeschminkt mitzuteilen, nicht geben. Doch Du wirst schon sehr bald die positiven Auswirkungen spüren – ob nun im Berufs- oder Familienleben. Und nach einer Weile wirst Du Konfliktsituationen mithilfe der Gewaltlosen Kommunikation größtenteils bereits im Keim ersticken können. Und harmonische, lösungsorientierte Gespräche, statt lautstarken Diskussionen zu führen, dürfte am Ende alle Mühe wert sein. Lass und noch einmal im Detail schauen, in welchen Bereichen Dir die Anwendung der GFK den Alltag überall verschönern kann:

In welchen Situationen hilft die GFK?

Es liegt an Dir: Du hast in jedem Moment Deines Lebens die Wahl, wohin Du Deine Gedanken schweifen lässt. Fragst Du Dich ernsthaft, worin der Grund liegt, dass Du von Deiner Kollegin so enttäuscht bist? Möchtest Du Deinem Kind auch dann mit voller Aufmerksamkeit zuhören, wenn es dieselbe Geschichte zum dritten Mal erzählt? Beurteilst Du die Entscheidung Deines Sohnes, aus dem Fußballverein auszutreten, ohne in Ruhe mit ihm über die Gründe und seine Gefühle gesprochen zu haben?

Mit der Methode der Gewaltfreien Kommunikation lernst Du

- *Verantwortung zu übernehmen*: Du bist es immer und ausnahmslos selbst, die für Deine Handlungen und Unterlassungen verantwortlich ist – selbst, wenn diese nur Antworten auf das Verhalten einer anderen Person sind. Dabei stehen Dir dank der GFK verschiedene Strategien zur Auswahl. Am Ende kannst Du Dir Deine Bedürfnisse viel häufiger erfüllen als Du denkst.

- *Selbstempathie*: Du lernst Dich selber besser kennen. Du horchst in Dich hinein, definierst Deine Gefühle und Bedürfnisse, beobachtest Deine spontanen Reaktionen – und erlaubst Dir eine Auszeit, sollte sich gerade der Wolf und nicht die Giraffe zeigen.

- *Anteilnahme und Sensibilität*: Empathie und Zuhören: zwei weitere Grundsteine der GFK. Damit achtest Du jeden Gesprächspartner als gleichwertigen Menschen – die Hierarchie zwischen Dir als Mutter/Vater und Deinen Kindern hebt sich im Moment des gegenseitigen Verstehens und Verstanden-Werdens auf: Auch in jüngsten Jahren betrachtest Du Deine Kinder als vollwertige Personen. Du wirst darin geschult, die Gefühle und Bedürfnisse des anderen zu erkennen und respektvoll und wertfrei gemeinsam Konfliktsituationen zu lösen.

- *Konfliktsituationen zu entschärfen*: Du kennst Deine Tochter einfach zu gut – auch, wenn sie seit ihrem 13. Geburtstag ein wenig unberechenbar geworden ist. Doch durch die GFK erkennst Du auf Anhieb, wenn sich ihre Stimmung wandelt und bist so in der Lage, mögliche Streitgespräche von vornherein abzuwenden.

- *Dinge positiv zu betrachten*: Die Gewaltfreie Kommunikation bietet Dir die Möglichkeit einer völlig neuen Lebensanschauung. Bist auch Du in unserer Schnelllebigkeit gefangen, hetzt vom Frühstückstisch zur Schule, Arbeit, dem Supermarkt und zurück und fragst Dich oft, was an unserem Dasein so lebenswert ist? Das Konzept lehrt Dich, nicht auf Fehler zu achten, sondern auf das Schöne, nicht überall Negatives zu sehen, sondern jede Situation neutral zu betrachten und wertzuschätzen.

- *Beobachtung von Beurteilung zu trennen*: Statt vorschnell zu werten und überzeugt davon zu sein, dass Deine Interpretation mit Sicherheit die richtige sei, wendest Du die vier Schritte der GFK auch im gemeinsamen Gespräch mit Deinen Kindern an und hörst Dir an, wie sie bestimmte Dinge sehen und wo ihre Bedürfnisse liegen. Öffnet Ihr Euch gegenseitig, öffnen sich auch ganz neue Perspektiven für ein harmonisches Miteinander in der Familie und eine gewaltlose Kommunikation.

- *Verständnis für andere zu zeigen*: Die GFK lehrt Dich automatisch, anderen offener zu begegnen – selbst denjenigen, die sich nicht in Deinem Sinne verhalten. Du zeigst Verständnis für Deinen Sohn, der seine Ferien nicht bei seinen Großeltern verbringen möchte. Du verstehst, dass Deiner liebeskranken Tochter gerade nicht der Sinn nach einem gemeinsamen Abendessen steht. Und Dein möglicher Ärger ist schneller verflogen als Du denkst.

- ***den Verzicht auf Schuldzuweisungen***: Die ehrliche Wertschätzung Deines Gesprächspartners wird nicht nur ihn dazu bringen, sich auch Dir weiter zu öffnen. Du wirst Dich nach einer Weile garantiert selber viel besser dabei fühlen, nicht immer einen Schuldigen zu suchen oder Deine Kinder zu bestrafen.

- ***zu bitten, statt zu fordern***: Was Formulierungen alles bewirken können! Bittest Du Deine Kinder um etwas statt zu fordern, verhältst Du Dich nicht nur freundlicher und weniger autoritär. Sie werden Dir auch mit größter Wahrscheinlichkeit gerne und ohne Widerstand Deinen Wunsch erfüllen – und so Dein Bedürfnis befriedigen.

Was Du mit der GFK gewinnst

Kommen wir noch einmal zu Giraffe und Wolf. Ja, sie hat ein großes Herz, urteilt nie und zeigt stets Empathie. Doch das heißt nicht, dass Du nicht auch an Dich denken darfst. Spürst Du den Wolf in Dir, gönne Dir ein paar Stunden fernab des alltäglichen Trubels. Damit zeigst Du keinen Egoismus, sondern sammelst neue Kraft, später für Deine Kinder da zu sein. Sei ehrlich und teile ihnen mit, dass Du gerade ein wenig Ruhe benötigst und am Abend mit ihnen spielst, Hausaufgaben machst oder gemeinsam Lösungen für ihre Probleme erarbeitest. Im Sinne der GFK trägst Du nicht dafür die Verantwortung, die anderen stets glücklich zu machen. Jeder ist für die Erfüllung seiner Bedürfnisse selbst verantwortlich – Du bist einfach eine helfende und stützende Hand für sie auf dem Weg dorthin.

Die Gewaltfreie Kommunikation kann und wird Dich nicht davor schützen, weiterhin auch einmal traurig zu sein, wütend oder Dich unverstanden und alleingelassen zu fühlen. Doch sie bietet Dir einen ganz entscheidenden Vorteil: Du wirst von nun an mit all Deinen Emotionen, Wünschen und Bedürfnissen auf eine positive, bereichernde Weise umgehen können. Durch die GFK lernst Du, auch schwierige Situationen zunächst objektiv zu betrachten, die Ursache für Deine Stimmung zu ergründen und Dich anderen offen mitzuteilen.

Ebenso wirst Du überrascht sein, dass dies wiederum zu einer Öffnung Deiner Kinder Dir gegenüber führt. Sie spüren, dass Du sie und ihre Probleme ernst nimmst, dass Du für sie da sein, ihnen aber auch nicht ihre Privatsphäre nehmen möchtest. Du erfährst neue Wege, Begebenheiten und Gefühle zu betrachten, auf Drohungen und Strafen zu verzichten und Streitigkeiten zu vermeiden.

Mit der GFK gibt es am Ende immer zwei Gewinner – und keinen Verlierer. Denn der ehrliche Austausch untereinander, die Veranschaulichung eigener Gefühle und Bedürfnisse, die Kommunikation auf Augenhöhe und der einhundertprozentige Fokus auf den Gesprächspartner schaffen gemeinsam erarbeitete Lösungswege. Ob in der Familie oder im Sportclub, am Ausbildungsplatz oder im Beruf – oder sogar unter Volksgruppen oder Ländern.

Ein Fakt am Rande:
Sogar in Krisengebieten rund um die Welt, von Ostafrika über das ehemalige Jugoslawien bis hin zum südlichen Asien, wird die Gewaltfreie Kommunikation als Methode zur Konfliktlösung eingesetzt. Die israelische Regierung hat die Einführung von GKF-Kursen in hunderten von Kindergärten im gesamten Land ermöglicht, und auch

in Deutschland nutzen viele Pädagogen das Rosenberg-Konzept im Schulunterricht oder Seminaren.

Die positiven Effekte der Gewaltlosen Kommunikation wissenschaftlich zu belegen, ist dennoch fast unmöglich: Emotionen, Bedürfnisse, Sprache sind allesamt schwer zu fassende Parameter. Zahlreiche Teilnehmer unzähliger unabhängiger Studien weltweit bestätigen allerdings die Stärkung ihres Selbstbewusstseins, ein verbessertes Einfühlungsvermögen und die Erkenntnis, auch in schwierigen Situationen konfliktfrei kommuniziert zu haben.

"Es wäre dumm, sich über die Welt zu ärgern. Sie kümmert sich nicht darum."

Marc Aurel

Mach also das Beste draus! Mit dem Konzept der Gewaltfreien Kommunikation wird Dir das auch nicht weiter schwerfallen. Du kannst sie so vielfältig einsetzen, dass Du in fast jedem Moment Deines Lebens in der Lage sein wirst, Deine Bedürfnisse zu erkennen und so Dein Wohlbefinden zu steigern. Aber vor allem wird sie Euch garantiert ein harmonisches Familienleben zu ermöglichen und eine unzerstörbare Beziehung zwischen Dir und Deinen Kindern aufzubauen helfen.

Dein Alltag mit der GFK

Aller Anfang ist schwer ...

In der Theorie klingt vieles unglaublich einfach, was sich dann in der Praxis erfahrungsgemäß doch nicht ganz so einfach umsetzen lässt wie gedacht.

Aber keine Sorge – wir lassen Dich nicht im Regen stehen!

Mit unseren Tipps & Tricks wird es Dir binnen Kurzem ein Leichtes sein, die Grundzüge der GFK auch in Deinen Alltag zu integrieren und mit Deinen Kindern in Zukunft statt Streitgesprächen, konfliktfreie Unterredungen zu führen. Und das nur vorweg: Niemand stellt seine Kommunikation von heute auf morgen um. Und selbst, nachdem Du schon eine Weile dabei gewesen sein wirst, sind einzelne Rückschläge völlig normal. Lass Dich nicht davon entmutigen! All die positiven Erfahrungen werden Dich darin bestärken, Dich mit der Gewaltfreien Kommunikation für das richtige Erziehungsprinzip entschieden zu haben.

Entdeckt Eure Gefühle

So wie Du mit der GFK lernst, in Dich hineinzuhorchen und Deine Gefühle zu identifizieren, kann das auch Dein Nachwuchs. Bereits mit kleinen Kindern kannst Du die Beobachtung ihrer Emotionen üben. Sprich mit ihnen über ihre Gefühle, frag sie, wie es ihnen geht – so fühlen sie sich nicht nur beschützt und verstanden, sondern entwickeln auch ihre eigene Wahrnehmungsfähigkeit. Es muss auch nicht immer um Dein Kind oder Dich gehen. Beobachtet gemeinsam andere Passanten, überlegt, warum wohl der kleine Junge auf der anderen Straßenseite gerade so ein unglückliches Gesicht macht, weshalb ein Autofahrer hupt oder ein Hund knurrt. All das schafft eine enge Verbindung zwischen Euch und schärft sowohl Dein Verständnis für unterschiedlichste Gefühle wie auch das Deiner Kinder.

Nimm Dir Zeit für Deine Kinder

Kinder leben in der Gegenwart, und bestimmt sind Deine keine Ausnahme. Sie können stundenlang dasselbe Puzzle puzzeln, Du allerdings lässt schon nach dem dritten Eckteil Deine Gedanken schweifen. Die GFK kann Dir dabei helfen, Dich auf den Moment zu konzentrieren, im Hier und Jetzt Deine Gefühle zu erkennen, zu sehen, wie viel Spaß Deine Kleinen haben, auch wenn das Tempo um ein Vielfaches langsamer ist als Deines. Drängst Du dennoch nicht, sondern lässt Dich auf Dein Kind ein, wirst Du Dich noch später an zahlreiche vertraute Momente erinnern. Und Dein Kind wird Deine Aufmerksamkeit und Deinen Respekt ihm gegenüber für sein eigenes späteres Verhalten verinnerlichen.

Sei ein aufmerksamer Zuhörer

Du erinnerst Dich sicher noch an einen der Grundpfeiler der Gewaltlosen Kommunikation – das Zuhören? Das gilt natürlich auch und vor allem bei Deinem Nachwuchs! Höre Deinem Sohn und Deiner Tochter intensiv zu, fasse in Deinen Worten ihre Aussagen zusammen, um Missverständnissen vorzubeugen. Denke an die Empathie – und die Wolfssprache, die auch Lob und Ratschläge beinhaltet: Frage nach, bevor Du ihnen einen Tipp gibst oder Belohnungen verteilst. Nach und nach lernst Du mit diesen Schritten die Methodik der GFK immer besser anzuwenden – und schulst Deine Kinder gleichzeitig darin, ihren eigenen Gefühlen und Bedürfnissen auf den Grund zu gehen.

Überlege Dir Verbote gut

Selbstverständlich dringst Du nach der GFK nicht nur mit unerwünschter Anerkennung und/oder gut gemeinten Ratschlägen in den Freiraum Deines Kindes. Für Verbote und Strafen gilt die Wolfssprache natürlich sowieso. Und viel häufiger, als es Dir wahrscheinlich bewusst ist, hören die Kleinen von Dir ein „Nein", – auch dann, wenn es gar nicht nötig wäre. Du hast einfach gerade keinen Nerv, Deinem Sohn bei seiner Bastelarbeit zu helfen? Es ist Dir im Moment zu anstrengend, Deiner Tochter und ihrer Freundin die Zutaten für einen Koch- und Backnachmittag zusammenzusuchen? Oder erscheint Dir die Idee, als Familie am kommenden Sonntag im Heißluftballon in die Lüfte zu steigen, so absurd, dass Du nicht einmal darüber nachdenkst? Nutze die Gewaltlose Kommunikation und lass Dich auf die Wünsche Deiner Kinder ein. Überlege, was sie wirklich möchten, welche Bedürfnisse sie haben, zeig Ihnen vor allem, dass Du ihnen Zeit und Aufmerksamkeit schenkst. Denke an den Respekt gegenüber Deinem Gesprächspartner – unabhängig vom Alter! Und möchtest Du trotzdem bei Deiner abschlägigen Antwort bleiben, erläutere ihnen die Gründe.

Verarbeite Emotionen mit der GFK

Selbst die harmonischste Familie ist vor Schicksalsschlägen nicht gefeit. Müssen Deine Kinder eine emotionale Situation bewältigen – ist die Großmutter gestorben oder zieht der beste Freund in eine andere Stadt – behalten sie ihre wahren Gefühle oft für sich und ziehen sich zurück. Versuche, mithilfe der Gewaltlosen Kommunikation in friedvollen Gesprächen die Ereignisse zu verarbeiten. Dränge sie dabei nicht, doch zeige ihnen Deine Empathie, erlaube ihnen, sich Dir mit ihren Gefühlen zu öffnen, indem Du vielleicht eine ähnliche Situation beschreibst, die Dir in ihrem Alter widerfahren ist, teile ihnen mit, inwieweit Dich das Geschehene ebenfalls beeinflusst und was Du dabei fühlst. Erneut hilft das Modell der GFK, Dich dadurch selber besser kennenzulernen, Deine Kinder zur eigenständigen Bewältigung schwieriger Erlebnisse zu ermuntern und gemeinsam in partnerschaftlichen Gesprächen Eure Gefühle zu verarbeiten und Lösungen zu finden: Das Grab der Oma wird mit der Lieblingsblume Deiner Tochter bepflanzt, und im nächsten Urlaub besucht Ihr den besten Freund Deines Sohnes in seinem neuen Zuhause!

Meistert gemeinsam die Pubertät

Mit Eintritt in das Erwachsenenalter ist es umso wichtiger, Jugendliche als gleichberechtigte Gesprächspartner anzuerkennen. Gleichzeitig benötigen Pubertierende noch immer Halt von der Familie. Die GFK kann dazu beitragen, diesen schwierigen Spagat zwischen Loslassen und Unterstützung im harmonischen Miteinander zu meistern. Dank Deiner Akzeptanz und Vertrauensvorschusses muss Dein Nachwuchs seine Stimmungsschwankungen nicht verteidigen, sondern kann sich voll und ganz auf sich selbst konzentrieren und nach und nach ein gesundes Selbstvertrauen entwickeln.

Tipp:
Bist Du in manchen Phasen plötzlich trotz allem blockiert und weißt nicht weiter, kann das viele Ursachen haben. Unter anderem bestehen mögliche Hindernisse in

- dem plötzlichen und unerwarteten Hervorrufen zurückliegender Erinnerungen – durch eine Bemerkung, einen Geruch oder visuellen Ähnlichkeiten

- fehlender Empathie: Bist Du es gewohnt zu kritisieren, wird es länger dauern, vorurteilsfrei zu kommunizieren

- mangelndem Selbstbewusstsein: Möchtest Du es immer allen recht machen, wird es Dir schwerfallen, Bedürfnisse und Bitten zu formulieren

- seelischer Unausgeglichenheit: Unterdrückst Du grundsätzlich Deine Emotionen, verlierst Du die Achtsamkeit für den aktuellen Moment

---

Gönn Dir eine Pause

Und wenn es doch alles zu viel wird? Dein Baby schreit, das Nudelwasser kocht über, Deine Tochter hat Deinen Lieblingspulli verwaschen und Dein Sohn könnte seine Musik lauter nicht hören? Wenn nun noch Dein Mann nach Hause kommt und eine Bemerkung über das nicht fertige Essen macht, bist Du bereit, den Becher an die Wand zu schmeißen? Gönn Dir lieber einige Minuten Ruhe! Lass selber mal alles stehen und liegen (nun gut

– zu Deinem Baby kannst Du noch schauen!) – gehe einen Schritt zurück, fühle in Dich hinein, werde Dir Deiner Beurteilungen bewusst. Du wirst schnell feststellen, dass es Deine eigenen Bedürfnisse sind, deren Nichterfüllung Dich so gereizt reagieren lassen. Übernimm die Verantwortung und stelle die Kontrolle über Deine Emotionen und Wünsche wieder her.

Und wie geht es jetzt weiter?

Nein, es ist nicht nötig, dass Du Dir alles genau gemerkt hast, was wir Dir in diesem Ratgeber vorgestellt haben! Psychologen, Erzieher, Wissenschaftsexperten beschäftigen sich seit Jahren intensiv mit dieser weltweit bekannten Theorie von Marshall B. Rosenberg – und wie Du unschwer erkennen konntest, sind auch sie längst nicht alle einer Meinung.

Diese musst Du Dir auch noch nicht abschließend gebildet haben. Haben wir Dir allerdings eine Anregung dazu geben können, wie Du neue Perspektiven in Euer Familienleben mit einfließen lassen kannst, ob es für die Beziehung zwischen Dir und Deinem Nachwuchs hilfreich sein mag, erst einmal in Ruhe durchzuatmen, die eigenen Gefühle zu analysieren und ein konstruktives Gespräch statt einen Streit zu führen, würdest Du uns damit schon sehr glücklich machen. Du siehst: Du könntest unser Bedürfnis befriedigen! Vor allem aber sollten wir als Eltern und Erziehungsberechtigte nie vergessen, dass wir vom Zeitpunkt der Geburt unserer Kinder an, die Verantwortung für vollwertige Menschen übernehmen: mit ihren eigenen Persönlichkeiten, Eigenheiten und Stimmungsschwankungen. Denen wir bereits im Kindesalter mit Respekt begegnen und konstruktiver

Kommunikation helfen sollten, zu selbstbewussten und empathischen Erwachsenen heranzureifen und später selbst auf Grenzüberschreitungen mit Verständnis und nicht mit Bestrafung zu reagieren.

GFK: auch nach 50 Jahren noch aktuell

Dass die Gewaltfreie Kommunikation inzwischen nicht längst von anderen Modellen der Beziehungspsychologie überholt wurde, grenzt beinahe an ein Wunder – rufen wir uns ins Gedächtnis, wie sich die Erziehungsmethoden seit den 1960er-Jahren verändert haben. Doch Rosenberg war seiner Zeit einfach voraus, und so ist sein Ansatz auch heutzutage noch immer moderner als manch andere Erziehungsmethode. Schließlich hat sich an einer Sache auch nichts geändert: dass wir jeden Tag eine Bandbreite an Gefühlen durchleben, für die wir in der Regel andere verantwortlich machen und denen wir dadurch hilflos und frustriert gegenüberstehen. Es sei denn, wir nutzen die positive Kraft der GFK:

1. Du gehörst zu den Menschen, die in anderen stets das Gute sehen **(Empathie)**

2. Du möchtest bestmöglich helfen, weißt aber oft nicht, wie und wo Du beginnen sollst **(Zuhören)**

3. Du erkennst dich selbst und beginnst, Dich wertzuschätzen **(Selbstliebe)**

4. Dir wird bewusst, dass alle Deine Handlungen auf einem Bedürfnis basieren **(Selbstempathie)**

5. Du lernst, Deine **Gefühle** zu definieren und anzuerkennen (**Beobachtung** und Gefühle)

6. Du gestehst Dir Deine **Bedürfnisse** ein und bist in der Lage, sie offen zu kommunizieren

7. Du verzichtest auf Forderungen und entscheidest Dich für **Bitten** (Wolf- und Giraffensprache)

8. Du verzichtest auf Bestrafung und vermeidest seelische Wunden

9. Du akzeptierst Deine Kinder schon im Babyalter als mündige Wesen

- Du bist fasziniert, was kleinste Änderungen von Inhalt, Wortwahl und Gestik alles bewirken

können....
- ....Und: Du willst höchstwahrscheinlich nicht mehr ohne!

Oder bist Du noch immer nicht überzeugt? Zwar erkennst Du die Vorteile, die Deine Kinder gegenüber ihren Freunden hätten, deren Eltern auf den Wolf setzen statt auf die Giraffe. Aber was ist eigentlich mit Dir? Eines können wir Dir versprechen: Entscheidest Du Dich für die Gewaltlose Kommunikation, wirst Du schnell die vielen weiteren Vorteile erkennen, die Du außerhalb Deiner Mutter-/Vaterrolle, als individuelle Person mit Deinen ganz eigenen Wünschen und Gefühlen erfahren wirst. Du wirst lernen, auch in unserer schnelllebigen Zeit kurz innezuhalten, in Dich hineinzuhorchen und Deine Gefühle und Bedürfnisse zu definieren. Du erinnerst Dich? Selbstempathie ist der Anfang von allem! Und so wirst, neben Deinen Kindern, auch Du gestärkt aus den Jahren ihrer Wandlung vom Säugling bis zum Auszug aus Eurer gemeinsamen Wohnung hervorgehen. Nicht nur entledigst Du Dich mit der GFK der Bürde ständiger Kontrollen, Drohungen oder Wehklagen – darüber hinaus erkennst Du Dich auch selbst mit jedem Tag ein wenig besser. Nutze diese Zeit! Schneller als gedacht werden die ersten rund zwanzig Jahre vergangen und Dein Sohn und Deine Tochter aus dem Hause sein.

Und wie fühlst Du Dich wirklich…?

Haben wir völlig falsch gelegen? Oder im Gegenteil hilfreiche Anregungen geben können? Hast Du Dich inzwischen entschieden, ob und in welchen Punkten Du den Kritikern der GFK zustimmst? Hast Du bereits einen Unterschied in Eurer Familienkommunikation erkennen können? Oder war Dir das hier doch alles viel zu kompliziert und Du hältst es wie der Schuster mit seinen Leisten? Lass uns wissen, was Du denkst – teile uns Deine Gefühle und Bedürfnisse mit, und wir werden uns entsprechend öffnen. Und sollten wir hier nicht auf einer Meinungsebene liegen, ist dies gar kein Problem, solange wir uns als gleichwertige Gesprächspartner akzeptieren. Wäre ja noch schöner, wenn wir mit der Gewaltfreien Kommunikation über die Gewaltfreie Kommunikation nicht unterschiedlicher Ansicht sein dürften!

Deine
Sophie Wagner

© Dr. Sophie Wagner 2020
1. Auflage
Kontakt: Novion GmbH, RED DUCK Verlag
Köhlstraße 10b,
50827 Köln,
Deutschland

Covergestaltung: Fiverr
Coverfoto:
https://www.shutterstock.com/de/image-photo/young-family-children-having-fun-nature-592802372
https://www.shutterstock.com/de/image-vector/wolf-cartoon-illustration-set-222052597
https://www.shutterstock.com/de/image-vector/cute-cartoon-trendy-design-little-giraffe-615661646

ISBN: 978-3-96959-000-3

Printed in Poland
by Amazon Fulfillment
Poland Sp. z o.o., Wrocław